elefante

OUTRASPALAVRAS

Conselho editorial
Bianca Oliveira
João Peres
Tadeu Breda

Edição
Tadeu Breda

Preparação
Natalia Engler

Revisão
Laura Massunari
Tomoe Moroizumi

Capa & projeto gráfico
Bianca Oliveira

Diagramação
Victor Prado

Resgatar a função social da economia

uma questão de dignidade humana

Ladislau Dowbor

A desigualdade é antes de tudo uma construção social, histórica e política.

— Thomas Piketty,
Une brève histoire de l'égalité
[Uma breve história da igualdade]

Podemos certamente dizer que a nossa competência tecnológica excede de longe o nosso desenvolvimento moral, social e político.

— Oliver Stone & Peter Kuznick,
The Untold History of the United States
[A história não contada dos Estados Unidos]

1 Breve história da exploração *9*

A eterna exploração *11*

O equilíbrio precário: produzir o quê, e para quem? *17*

Estado, empresa e sociedade civil *21*

O capitalismo financeiro *26*

O rentismo se torna dominante *39*

2 Mecanismos de exploração financeira *50*

Monopólio de demanda: o poder das plataformas *50*

O endividamento generalizado *55*

Extração de dividendos *60*

Privatizações e apropriação de recursos naturais *63*

Apropriação dos bens e serviços de consumo coletivo *68*

Evasão fiscal *74*

Paraísos fiscais *77*

Outros drenos *83*

3 A subutilização dos potenciais existentes 98

A subutilização da mão de obra 99

A subutilização da terra 102

A subutilização do capital 104

A subutilização do potencial científico-tecnológico 110

A subutilização das políticas públicas 112

4 Resumo de políticas: propostas 116

I. Inclusão produtiva 117

II. Políticas de financiamento 128

III. Racionalização da gestão: o processo decisório 141

IV. As bases políticas: democratização 151

Realismo e esperanças 162
Referências 167
Sobre o autor 172

1 Breve história da exploração

A revolução digital está causando impactos tão profundos sobre a humanidade quanto em outra era causou a Revolução Industrial. O que chamamos de capitalismo tem as suas raízes na industrialização, que envolveu transformações nas técnicas e nas relações sociais de produção, com o trabalho assalariado e o lucro do capitalista, além de um marco jurídico centrado na propriedade privada dos meios de produção. Com a revolução digital — que envolve uma expansão radical das tecnologias, bem como a generalização da economia imaterial, a conectividade global, o dinheiro virtual e o trabalho precário —, a própria base da sociedade capitalista se desloca. Em particular, a apropriação do produto social por minorias ricas, porém improdutivas, já não exige geração de emprego e produção de bens e serviços na mesma escala; essa apropriação agora passa pela intermediação do dinheiro, do conhecimento, das comunicações e das informações privadas. Onde imperava a fábrica, hoje temos as plataformas em escala planetária, que exploram não só as pessoas — através do endividamento, por exemplo — mas também as próprias empresas produtivas, por meio dos dividendos pagos a acionistas ausentes (*absentee owners*).

O presente estudo se concentra precisamente nas transformações ocorridas naquilo que chamamos de modo de produção capitalista. A atividade industrial permanece, sem dúvida, assim como permaneceu a atividade agrícola diante da Revolução Industrial; mas o eixo de dominação e controle já não está nas mãos dos capitães da indústria, e sim nas de gigantes financeiros como BlackRock, de plataformas de comunicação como Alphabet (Google), de ferramentas de manipulação como Meta (Facebook), de intermediários comerciais como Amazon.

O mecanismo de apropriação do excedente social mudou, e com isso mudou a própria natureza do sistema. Estamos no meio de uma transformação profunda da sociedade, nas suas dimensões econômica, social, política e cultural, gerando o que tem sido chamado de crise civilizatória. Transitamos para outro modo de produção, e este estudo sistematiza os novos mecanismos presentes nesse cenário. Na última parte, propomos caminhos.

A eterna exploração

Em diversas eras e sociedades, a apropriação do produto social por minorias sempre esteve no centro da organização da sociedade como um todo. O ponto de partida é a própria existência do excedente social. Quando a produtividade de uma sociedade se eleva, permitindo que se produza mais do que o básico necessário para as pessoas, aparecem elites que reivindicam — por alguma razão, e com justificativas mais ou menos duvidosas — o direito a ter mais do que os outros, apropriando-se do produto de terceiros.

No modo de produção escravagista, apropriavam-se do que produziam os escravizados, uma apropriação baseada na força e explicada pela legítima propriedade de seres humanos. Quando o presidente dos Estados Unidos Abraham Lincoln conseguiu que se aprovasse, no século XIX, o fim da escravidão no país, não foram indenizados os ex-escravizados, e sim os seus ex-donos, por perderem "propriedade". Sempre houve explicações, que hoje chamamos de narrativas, para justificar o absurdo: eram negros, ou selvagens, ou não teriam alma, como se dizia na época, ou, ainda, foram capturados em "guerra justa", como também afirmavam. O essencial era que produzissem um excedente, que permitia o luxo dos proprietários e o financiamento da repressão aos numerosos levantes.

Era o modo de produção escravagista, injusto, mas estável, que durou muitos séculos, inclusive com leis que regiam o sistema da propriedade de seres humanos e religiões que as sacramentavam. A razão do mais forte sempre busca parecer justa.

No sistema feudal, elites se apropriaram da terra, base de qualquer economia antes do surgimento das máquinas. Os senhores feudais — por razões diversas, mas essencialmente por disporem de armas e fortificações —, em luta uns com os outros, terminavam por delimitar os feudos. A população rural que vivia nas terras não era propriedade do aristocrata, porém era regida por sistemas complexos de obrigações que proibiam que deixassem o feudo. Os homens eram servos, serviam. O excedente produzido era apropriado, na Idade Média e em grande parte da Renascença (na Rússia, até 1917), pelos "senhores". Os trabalhadores da terra eram obrigados a ceder aos aristocratas grande parte da produção, riqueza que permitia que o nobre tivesse um castelo, vivesse com luxo e pudesse pagar a tropa que assegurava a manutenção do sistema.

O feudalismo também testemunhou inúmeras revoltas e repressões. Parte do excedente servia ainda para sustentar os conventos, numa religião que, a partir do século IV, se aliara aos poderosos e justificava o sistema como vontade divina. As leis garantiam a coerência da ordem vigente, as regras do jogo. Uma delas, conhecida como *jus primae noctis*, dava ao aristocrata o direito de se apropriar da camponesa em sua noite de núpcias. Os poderosos gostam da legalidade, contanto que sejam eles a fazer as leis. E, para os que as contestavam, havia a inquisição e outros sistemas repressivos. De toda forma, foi um modo de produção que também durou séculos, definido por uma base econômica (a terra), relações sociais de produção (a servidão) e modos de extração do excedente na forma de imposições de diversos tipos. O conjunto era regido por regras, em boa parte respeitadas. A apropriação do excedente era baseada nas leis, justificada pelo "sangue azul" dos nobres, sancionada pelas narrativas da igreja e garantida pela repressão militar. Os bailes de Versalhes ou de Viena tinham de ser financiados por alguém. Witold Kula, um historiador polonês, escreveu sobre o feudalismo o que Marx escreveu sobre o capitalismo: tratava-se de um sistema, um modo de produção.

Ainda que os dois sistemas que mencionamos acima, o escravagista e o feudal, pareçam hoje historicamente distantes, precisamos lembrar que a escravidão no Brasil existiu oficialmente até o fim do século XIX e, nos Estados Unidos, até a Guerra de Secessão (1861-1865); que a exploração das populações colonizadas era geral e durou até meados do século XX; e que o sistema de apartheid durou até 1994 na África do Sul e perdura até hoje na Palestina. Nem os Estados Unidos nem o Brasil lograram ainda absorver e ultrapassar a opressão e as desigualdades herdadas do passado escravagista, e a África enfrenta penosamente a reconstrução necessária. O passado não é assim tão distante: é um rabo longo que demora a passar. E, em muitas nações erigidas em países, ainda é estruturalmente decisivo.[1]

O modo de produção capitalista nos aparece com outro nível de legitimidade. Na base da transformação estiveram o avanço científico, a revolução energética, o aumento da produtividade e, portanto, a possibilidade de gerar um ciclo sustentado de enriquecimento social. O *liberté, egalité, fraternité* [liberdade, igualdade, fraternidade] da Revolução Francesa (1789) ecoou pelo mundo. Com o Iluminismo, a busca por esses valores na sociedade passara a abrir frestas no obscurantismo, reduzira-se o número de mulheres queimadas como bruxas ("não deixarás viver a feiticeira", instrui a Bíblia [Exôdo, 22,18]), geraram-se a visão de enriquecimento como fruto legítimo do esforço e o conceito do mérito como virtude. A narrativa evoluiu. O trabalhador passou a ter a liberdade de pedir emprego

---

[1] Para o Brasil, ver o estudo de Mário Theodoro (2022).

e de ser explorado. Na transição dos séculos XVIII e XIX, a Revolução Industrial trouxe outro nível de produtividade e aumentou a prosperidade, mas não para todos — um avanço, sem dúvida, e o mecanismo de exploração se mantém, sofisticando-se: as narrativas mudam e a repressão se moderniza. Em particular, a exploração e a violência mais diretas se deslocam para o Sul global.

No estudo *A formação do terceiro mundo* (Dowbor, 1994), apresentamos a dimensão planetária que o capitalismo adquiriu, por exemplo, quando a industrialização da Inglaterra, sistema bem capitalista, apoiou-se na reprodução da escravidão nos Estados Unidos e em outros países que lhe forneciam matérias-primas. O capitalismo do império britânico não teve escrúpulos em se servir de escravidão, trabalho forçado e massacres em diversas partes do mundo. E hoje assistimos impressionados à Inglaterra se desculpar pelo que fez na Índia, no Quênia e em tantos outros países; à França, que pede perdão a países africanos pelas violências do passado; aos Estados Unidos, pelo que fizeram no Irã — daqui a alguns anos, irão se desculpar pelo que fizeram no Afeganistão. Lembremos que a Bélgica, no Congo, foi responsável por milhões de mortes, processo documentado por Adam Hochschild (1999) no estudo *O fantasma do rei Leopoldo*. A prosperidade dos países hoje ricos não se deve apenas à produtividade e à racionalidade do sistema capitalista. A *fraternité* tem limites claros. Muitos até hoje não se dão conta dos subsistemas primitivos em que se apoiou o chamado liberalismo capitalista. O Brasil contribuiu muito. Em termos gerais, o sistema capitalista dos países ricos se baseou em articulações com sistemas pré-capitalistas nos países colonizados ou simplesmente dependentes. Samir Amin (1974), em livro clássico, chamou corretamente esse sistema de "acumulação do capital em escala mundial". Essa dimensão da acumulação permitiu uma apropriação do excedente, por meio da exploração dos trabalhadores e da apropriação da mais-valia nos países centrais, e também pela exploração colonial direta ou pela troca desigual, com a narrativa de trazer a civilização aos povos primitivos — evidentemente, com o uso da força militar. A religião, aqui também, frequentemente serviu de bálsamo civilizatório. Isso tudo aconteceu há muito pouco tempo — meus anos de universidade foram contemporâneos das lutas de libertação nas colônias africanas. Hoje temos países independentes que podem decidir livremente por quem serão explorados, se por sistemas de endividamento, pelos de troca desigual ou por ambos. A exploração muda de forma, as narrativas atualizam o discurso, o controle militar se torna mais sofisticado. Mas estamos sempre servindo as elites.

O equilíbrio precário: produzir o quê, e para quem?

Essa breve retrospectiva nos ajuda a lembrar a que ponto a barbárie que hoje nos chocaria — a escravidão, a servidão, o colonialismo, o apartheid — ainda é próxima, e a que ponto sobrevive e penetra o nosso cotidiano. Basta olhar a cor das pessoas nas nossas favelas ou nos bairros das periferias urbanas e nas prisões. Também devemos atentar para o impacto que têm as diversas formas de organização dos países em desenvolvimento, não só porque seguem em grande parte especializados em produtos primários — o que trava a modernização — mas porque quem exporta precisa da mão de obra apenas para o trabalho, não para o consumo: o produto vai para o mercado externo, e o consumo das elites é em boa parte garantido por produtos importados. Para quem produz para o mercado externo e importa os produtos manufaturados, não é indispensável o poder de consumo dos seus trabalhadores. Em pleno século XXI, no Brasil, a reprimarização gera desprezo pela elevação da capacidade de consumo da população e trava a industrialização.

A miséria impressionante dos trabalhadores, coisa que vemos até hoje no que chamamos de países em desenvolvimento, mesmo com a presença de tecnologias mais avançadas, resulta dessa forma de acumulação de capital em que dinamizar a capacidade de compra da base da sociedade não é essencial, pois boa parte do ciclo de acumulação se fecha no exterior. Ao mesmo tempo, o avanço tecnológico faz com que a necessidade de contratar mão de obra seja menos essencial, por conta do processo de substituição. Assim, a modernização tecnológica gera pouca transformação nas relações sociais, perpetuando a desigualdade e a pobreza. É a herança social da relação Norte-Sul. Em *Formação do capitalismo no Brasil* (Dowbor, 2009), estudamos a articulação do sistema capitalista dominante com as formas pré-capitalistas no país. A ideia essencial, que tive oportunidade de discutir tanto com Samir Amin como com Caio Prado Júnior, é que o ciclo de reprodução do capital dos países pobres se fecha no exterior, a necessidade de mão de obra se reduz e a troca desigual e o endividamento asseguram o resto. Ou seja, a modernidade tecnológica convive sem problemas com uma exploração arcaica.

Nos próprios países industrializados — o chamado Ocidente, que representa cerca de 15% da população mundial —, a tensão entre aumentar a exploração e assegurar a capacidade de compra da população se colocou com força. Foi preciso o mundo capitalista dominante enfrentar a crise de 1929 para que se tomasse consciência de que não basta produzir, é preciso assegurar o consumo para fechar o ciclo de acumulação de capital. As exportações para os países mais pobres, em troca de matérias-primas, não seriam suficientes, e o New Deal de Franklin D. Roosevelt tem na sua essência a geração, por meio do Estado, de maior capacidade de compra por parte da população. Robert E. Sherwood (1998), que escrevia os discursos de Roosevelt, detalhou o programa no brilhante livro *Roosevelt e Hopkins*. Hopkins foi importante na execução do New Deal.

A Guerra de Secessão, nos anos 1860, além da libertação dos escravizados nos Estados Unidos, rompera o ciclo colonial do algodão, trocado por importações britânicas, interiorizando o ciclo de reprodução de capital nas novas relações entre o Nordeste industrial e o Sul produtor de matéria-prima. Mas foi o New Deal que gerou uma incorporação ampla da população estadunidense na prosperidade. O consumo na base da sociedade, financiado inicialmente pelo Estado, gerou demanda e, consequentemente, redução dos estoques acumulados nas empresas. Em seguida, a retomada da produção elevou o emprego, gerando ainda mais demanda, permitindo um ciclo de acumulação do capital, dessa vez de forma equilibrada. Eric Hobsbawm (1994), no livro *A era dos extremos*, detalha essa transformação econômica e cultural.

Entre as contribuições intelectuais de John Maynard Keynes — que demonstrou a necessidade de se assegurar a demanda agregada —, o impacto do sucesso do New

Deal e o bom senso de um Henry Ford afirmando que bons salários eram necessários para que os seus carros fossem comprados, abriu-se uma nova visão, a do *Welfare State*, ou Estado de bem-estar. Não se podia mais dizer que os trabalhadores não teriam a ganhar com o capitalismo. Por uma vez, e em particular durante os "trinta anos gloriosos" do pós-guerra, tivemos uma dinâmica impressionante nos países ricos, com o equilíbrio da capacidade de produção e da demanda social, da dinâmica empresarial e do investimento público. Em termos políticos, gerou-se a social-democracia.

Lembremos, uma vez mais, que, para uma economia exportadora de bens primários que importa bens industrializados, o mercado está no exterior e as tecnologias substituem empregos. Desse modo, expandir os empregos e aumentar os salários dos trabalhadores não são prioridade. Angola exporta petróleo e importa bens de consumo para as elites, além de rolar a dívida externa. Na América Latina, quando se tenta democratizar a economia, voltam ditaduras. Podemos ter democracia, contanto que não a usemos: o resultado é a democracia política formal — o voto — sem a democracia econômica. A pandemia de covid-19 apenas escancarou essa fratura econômica, política e social. Em dezembro de 2021, no Brasil, um dos maiores exportadores de produtos agrícolas do mundo, tínhamos 125 milhões de pessoas em situação de insegurança alimentar, das quais 33 milhões passavam fome.[2] Com grande avanço em termos de tecnologia e volumes de extração, chegamos a um novo tipo de tecnocolonialismo. Com algumas exceções, como a China e alguns Tigres Asiáticos, a fratura planetária do capitalismo se tecnifica — e se aprofunda.

Estado, empresa e sociedade civil

Na realidade, como nos lembra Mariana Mazzucato (2014) no seu excelente *O Estado empreendedor*, a dinâmica dos anos gloriosos do pós-guerra foi fruto da forte participação das iniciativas públicas. Por um lado, porque o Estado assegurou um sistema tributário progressivo que permitia manter um razoável equilíbrio social, por meio de um conjunto de políticas redistributivas. Por outro, o Estado assumiu o papel de executor de uma

---

[2] REDE PENSSAN. *II Vigisan: Inquérito nacional sobre insegurança alimentar no contexto da pandemia de covid-19 no Brasil*. São Paulo: Rede Brasileira de Pesquisa em Soberania e Segurança Alimentar e Nutricional/Fundação Friedrich Ebert, 2022. Disponível em: https://olheparaafome.com.br/wp-content/uploads/2022/06/Relatorio-II-VIGISAN-2022.pdf

série de políticas, em particular expandindo o acesso gratuito universal aos serviços de saúde, à educação, à segurança, às infraestruturas básicas e a outros setores. Isso melhorou tanto o bem-estar das famílias — com o acesso aos bens e serviços de consumo coletivo — quanto a produtividade da economia, ao expandir infraestruturas como transporte, energia, telecomunicações, água e saneamento básico — investimentos que facilitam muito o funcionamento das próprias empresas privadas. Os sistemas públicos de pesquisa, que podem se dar ao luxo de desenvolver a chamada pesquisa fundamental, nos trouxeram as principais inovações científicas, desde o DNA até os microprocessadores, a informática, a internet e tantas outras transformações tecnológicas. Até a telinha do celular que podemos manipular com um dedo resulta de pesquisa em instituições públicas, ainda que para nós apareça como uma grande descoberta da Samsung ou da Apple. O Estado não foi o problema, foi parte muito importante da solução.

As organizações da sociedade civil, tanto sindicatos como inúmeras organizações não governamentais, complementaram o equilíbrio do conjunto, o que poderíamos chamar de arquitetura social, processo decisório equilibrado pela convergência organizada dos diferentes interesses. Essa dimensão muito subestimada do equilíbrio político geral é essencial. Setores que se agigantaram na sociedade, como saúde, educação, segurança e outras políticas sociais, não cabem nas prateleiras de supermercados: são serviços capilares que têm de chegar a cada criança, a cada casa em cada rua, de maneira diferenciada e personalizada, exigindo gestão descentralizada e participativa. A sociedade organizada na base é essencial para o funcionamento do sistema. O sueco médio participa de quatro organizações não governamentais, acompanha a escola do bairro, as políticas ambientais, o orçamento da cidade. Arthur Kroeber (2016), em *China's Economy* [Economia da China], constata que a China é ainda mais descentralizada do que a Suécia. Democracia resumida ao voto é uma construção frágil, quando não um engodo.[3]

Esse modelo de acumulação de capital, com razoável equilíbrio do Estado, das empresas e da sociedade civil, em que pesem as desigualdades e em particular

---

[3] O estudo de Kroeber (2016) ajuda na compreensão das dinâmicas da China, que adotou um sistema misto de organização econômica e social a partir de 1978. Sobre a China temos muitas opiniões e simplificações ideológicas, mas pouco conhecimento e compreensão. Sobre os países nórdicos, ver: *Viking Economics* [Economia viking], de George Lakey (2017).

os dramas dos países em desenvolvimento, representou um modelo dinâmico e que ainda povoa o nosso imaginário quando falamos de capitalismo, do modo de produção capitalista. Mas o capitalismo que hoje predomina mudou, e não dá muita importância às nossas saudades. O essencial ao examinarmos as transformações em curso é pontuar que, sim, o capitalismo da fase social-democrata explorava os trabalhadores; contudo, para explorar um trabalhador, devia pelo menos assegurar-lhe um emprego: é o condicionamento e a limitação da mais-valia extraída por baixos salários. Por outro lado, para ter a quem vender os produtos, cujo volume se expandia com as novas tecnologias, precisava limitar a exploração, assegurar salários mais decentes e políticas sociais e gerar empregos.

Nesse modelo de acumulação, portanto, a apropriação do excedente social pelas elites encontrava limites, tanto pela forma de geração de mais-valia, baseada na exploração salarial, como pela necessidade de manter uma elevada demanda agregada, para ter a quem vender. Seria realista também lembrar que a presença de um urso poderoso no Leste tendia a tornar os capitalistas mais flexíveis em termos políticos. Tudo isso iria mudar, levando a um deslocamento profundo no cerne do modo capitalista de produção, que é o mecanismo de acumulação do capital, a forma de geração e de apropriação do excedente social.

Os "trinta anos gloriosos" do pós-guerra foram um sucesso limitado aos hoje países desenvolvidos e duraram, precisamente, apenas três décadas. Os capitalistas se apropriaram da glória do sucesso, proclamando o livre-mercado, a propriedade privada e a livre-iniciativa como soluções definitivas para a humanidade. *There is no alternative* [não há alternativa] (TINA), bradou Margaret Thatcher, premiê britânica entre 1979 e 1990. O Estado não é a solução, o Estado é o problema, ecoou Ronald Reagan, presidente dos Estados Unidos entre 1981 e 1989. Milton Friedman deu um lustro acadêmico a esse discurso com a simplificação *the business of business is business* [o negócio dos negócios é negócio], os especuladores de Wall Street passaram a repetir em todo fechamento da bolsa de valores o seu *greed is good* [ganância é bom]. Os economistas montaram inúmeros modelos, baseados na simplificação de que não há sociedade, e sim indivíduos, e de que os indivíduos podem ser resumidos a maximizadores de vantagens individuais, tornando-se previsíveis. A economia política virou "ciência econômica". Nascia o neoliberalismo. Robert Reich (2020, p. 31) resume: "A economia migrou de produzir coisas para produzir instrumentos financeiros. Empreendedores de produtos foram substituídos por empreendedores financeiros". O capitalismo hoje navega na lembrança de um passado que funcionou — mas que é passado, legitimidade emprestada.[4]

O capitalismo financeiro

A fase do capitalismo razoavelmente equilibrado nos países ricos — tanto com o New Deal dos Estados Unidos, a partir dos anos 1930, como de maneira mais generalizada no pós-guerra, caracterizando o Estado de bem-estar — encerra-se praticamente no final dos anos 1970, com a evolução muito acelerada para o hoje chamado neoliberalismo. Aqui nos interessa a mudança no cerne do sistema, que é o mecanismo de apropriação do excedente social. Na fase anterior, como disse, o capitalista, para enriquecer, precisava pelo menos produzir e gerar empregos, e

[4] Lembremos que, em 1971, o então presidente estadunidense Richard Nixon quebrou o sistema Bretton Woods ao desvincular o dólar da base em ouro, e que em 1973, com a Organização dos Países Exportadores de Petróleo (Opep), a elevação radical do preço do petróleo e a inundação dos petrodólares, abriu-se a porteira do sistema de especulação financeira em relação à acumulação produtiva do capital. É o começo do fim dos "trinta anos de ouro".

inclusive pagar impostos, o que enriquecia a sociedade. Na fase que se inaugura no final dos anos 1970, o capitalista descobre que os mecanismos financeiros podem lhe garantir enriquecimento com muito menos esforço e sem tantos constrangimentos. Os últimos quarenta anos do capitalismo se caracterizam por um aumento radical da desigualdade, uma explosão de fortunas no topo da pirâmide social e um ritmo muito fraco de crescimento, apesar dos impressionantes avanços tecnológicos. O contraste dessas mudanças estruturais é significativo, pois os avanços tecnológicos, que possibilitam o aumento da produtividade, deveriam permitir tanto a aceleração do crescimento quanto o aumento geral da prosperidade.

O Gráfico 1 apresenta a evolução do acesso à riqueza nos Estados Unidos. Os anos 1980, como sabemos, foram considerados "a década perdida", quando o capitalismo dominante se voltou para novas formas de acumulação, centradas no capital financeiro. Em tom mais escuro, vemos a acumulação extraordinária e crescente de riqueza pelos 10% mais ricos; em tom mais claro, a evolução da riqueza da faixa entre 50% e 90%, que corresponde aproximadamente à classe média; e a linha mais fina e estagnada na base do gráfico mostra a paralisia econômica dos 50% mais pobres da população. São trinta anos de acumulação radicalmente desigual, contrastando com a fase do pós-guerra.

Não é de se estranhar que a base da sociedade estadunidense — que nas últimas décadas, com democratas ou republicanos, viu-se excluída do processo — tenha aderido com tanta força à política do ódio e à antipolítica.

GRÁFICO 1

DIVISÃO DA RIQUEZA TOTAL ENTRE OS MAIS RICOS NOS EUA

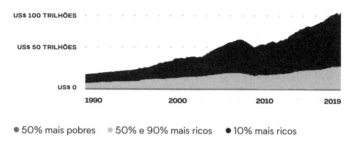

● 50% mais pobres ● 50% e 90% mais ricos ● 10% mais ricos

FONTE: Adaptado de Carmen Ang, "5 Undeniable Long-Term Trends Shaping Society's Future", *Visual Capitalist*, 4 dez. 2020. Disponível em: https://www.visualcapitalist.com/5-undeniable-long-term-trends-shaping-societys-future/

A pandemia a partir de 2020 escancarou o processo, na medida em que o contraste entre a paralisia das economias e o crescimento acelerado das fortunas deixou claro que o modelo de acumulação se tornara disfuncional. Mas a transformação se dá desde os anos 1980. Thomas Piketty traz os dados da World Inequality Database [Base de dados sobre desigualdade mundial] (WID): "Os tempos têm sido particularmente acelerados para os que estão realmente no topo nos Estados Unidos; a partir de 1980, a renda anual do 1% mais rico cresceu 205%, enquanto para o 0,001% mais rico atingiu 636%".[5] São dados absolutamente explosivos, sem relação com o ritmo de expansão da produção de bens e serviços, que foi de apenas alguns pontos percentuais. Trata-se de um enriquecimento muito mais veloz do que era permitido pela exploração do trabalhador no quadro da tradicional mais-valia. Piketty deixa isso claro: "A importância crescente da renda derivada do capital — e a crescente concentração de riqueza — têm sido vetores-chave da desigualdade. Os ricos estão ficando mais velhos, e uma parte crescente da sua renda provém da propriedade de capital passivo em vez de trabalho ativo".[6] Importante aqui é que Piketty se refere à "renda que provém da propriedade de capital passivo e não do trabalho ativo", o que é profundamente diferente do lucro que provém da reprodução ampliada do capital de empresas produtoras de bens e serviços, que geram valor superior aos seus custos, em particular explorando a mão de obra.

---

[5] PIKETTY, Thomas *et al.* "Inequality Is Not Inevitable — But the U.S. 'Experiment' Is a Recipe for Divergence", *The Guardian*, 14 dez. 2017.
[6] *Idem.*

Trata-se de "renda derivada de capital passivo", em que o "capital" é entendido como recurso financeiro aplicado em produtos financeiros, rendendo juros e dividendos sem o aporte produtivo correspondente. No ciclo de reprodução de capital que conhecemos — dinheiro que gera processos produtivos, que por sua vez geram mais dinheiro, no clássico D... P... D' de Marx —, a expansão produtiva se tornou muito menos necessária para essa classe de capitalistas. David Harvey escreve com razão que se trata de patrimônio, não de capital, na medida em que não são recursos que giram e se ampliam no processo de acumulação de capital. "Capital passivo" não é capital, mas "capital fictício", como o chamava Marx. É o próprio processo de acumulação de capital, central no conceito de capitalismo, que se desloca.[7]

Só o crescimento exponencial de enriquecimento por mecanismos financeiros poderia assegurar esse nível de acumulação no topo, sem base produtiva correspondente. O site *Inequality.Org* mostra, por exemplo, que em 2021 a riqueza acumulada da metade mais pobre da população estadunidense era de 1,01 trilhão de dólares, enquanto 719 bilionários detinham 4,56 trilhões de dólares, mais de quatro vezes a riqueza da metade mais pobre. São 719 pes-

---

[7] Estudamos esse processo em detalhes no livro *O capitalismo se desloca: novas arquiteturas sociais* (Dowbor, 2020a).

soas. O número de bilionários no mundo, entre 2020 e 2021, pulou de 660 para 2.750. Os vinte indivíduos mais ricos do planeta detêm mais dinheiro que toda a metade inferior da humanidade.[8] Lembremos que o crescimento anual efetivo da produção de bens e serviços no mundo é da ordem de 2,5%. Se tirarmos a China, é ainda menor. A força da contribuição de Thomas Piketty (2014) no livro *O capital no século XXI* reside na demonstração de que, quando as oligarquias, por meio de processos financeiros, enriquecem em ritmo incomparavelmente superior ao crescimento da economia real, trata-se de uma extração de riqueza que reduz as capacidades produtivas.

A apropriação do excedente social por oligarquias improdutivas, como vimos, existiu em diversas épocas e com diferentes formas de organização social, mas volta hoje com uma escala e um ritmo de enriquecimento inéditos. Não é nova a exploração da sociedade por improdutivos, mas sim o fato de o processo ter atingido dimensões que transformam o conjunto da sociedade. Quando empresários, que poderiam investir na produção, consta-

---

8 COLLINS, Chuck. "Updates: Billionaire Wealth, U.S. Job Losses and Pandemic Profiteers", *Inequality.Org*, 6 maio 2022; PIZZIGATI, Sam. "What Can We Do to Start Civilizing Our Richest?", *Inequality.Org*, 16 abr. 2021.

tam que é mais lucrativo colocar seu dinheiro em produtos financeiros, ou lucrar com mais dividendos sobre ações que eles mesmos recompram, o que se desloca é a própria base da acumulação de riqueza. Não é mais o capitalismo de "fortunas merecidas", na medida em que geravam mais produtos e crescimento econômico: trata-se de rentismo.

Oren Cass, diretor executivo do *think tank* conservador American Compass, refere-se às empresas que adotam esse *modus operandi* como *eroders*, pois geram uma "erosão" do próprio sistema produtivo.

> Um *eroder* é um tipo estranho de empresa que parece consumir os seus próprios órgãos para o benefício de curto prazo dos seus acionistas. Ainda que nem todas as empresas entrem nessa categoria, a grande maioria o faz, representando 90% da capitalização de mercado do último meio século.[9]

Essa erosão, segundo Cass, "representa uma grave ameaça à prosperidade futura dos Estados Unidos". Não é só no Brasil que ocorre a desindustrialização. "O problema", diz Cass,

---

9 CASS, Oren. "The Corporate Erosion of Capitalism: A Firm-Level Analysis of Declining Business Investment, 1971-2017", *American Compass*, 25 mar. 2021.

aparece quando o setor financeiro deixa de servir a economia real e, ao invés disso, a economia real passa a servir o setor financeiro. [...] Os ativos da economia real tornam-se apenas o meio que o setor financeiro usa para desenvolver uma variedade de atividades não investidoras [*non-investment activities*] para o seu próprio lucro.[10]

Para Cass, as empresas que não investem em si mesmas travam a própria produtividade, o que implica salários mais baixos para os trabalhadores. E grandes pagamentos para os acionistas beneficiam essencialmente os ricos, que detêm a maior parte do dinheiro no mercado de ações.

A noção de *eroder*, do capitalista que drena a capacidade produtiva da própria empresa, aproxima-se muito do conceito de parasita que mata o próprio hospedeiro, o *killing the host*, de Michael Hudson: "Essas dinâmicas são diferentes das que regem o capitalismo industrial e, na realidade, solapam a economia industrial ao desviar recursos dela para pagar o setor financeiro e os seus

---

[10] INGRAHAM, Christopher. "Wall Street's fixation on quick profits wreaking havoc in the 'real' economy, report says", *The Washington Post*, 2 abr. 2021.

clientes rentistas".[11] No Brasil, é muito claro nesse sentido o exemplo da mineradora Samarco, que preferiu privilegiar o pagamento de dividendos aos acionistas e de bônus aos executivos em vez de investir na segurança da barragem que viria a se romper em Mariana (MG) em 2015. Como a remuneração dos executivos é diretamente ligada aos dividendos repassados aos acionistas — que vivem no Brasil, mas também em qualquer outra parte do mundo —, gera-se nos chamados "mercados" uma solidariedade entre os dois níveis, acionistas e executivos, economia nacional e acionistas globais, no sentido de maximizar a dinâmica extrativa. O resultado é o prejuízo da própria empresa, na sua capacidade produtiva, e o aumento da riqueza financeira, que deixa de ser capital e se torna patrimônio. O rentista moderno gosta de se qualificar como capitalista, porém está mais próximo do Mercador de Veneza, do usurário financeiro, do que do capitão de indústria do século XX.

---

[11] HUDSON, Michael. "The Rentier Resurgence and Takeover: Finance Capitalism vs. Industrial Capitalism", *Michael Hudson*, 27 jan. 2021.

GRÁFICO 2

PROPORÇÃO ENTRE REMUNERAÇÃO DE EXECUTIVOS E TRABALHADORES NOS EUA (1965-2018)

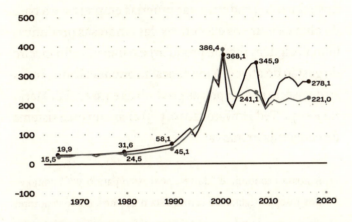

- Baseada nas opções realizadas
- Baseada nas opções garantidas

FONTE: Adaptado de Lawrence Mishel & Julia Wolfe, "CEO Compensation Has Grown 940% Since 1978", *Economic Policy Institute*, 14 ago. 2019. Disponível em: https://www.epi.org/publication/ceo-compensation-2018/.

No Gráfico 2 vemos que, enquanto nos anos 1970 a remuneração dos executivos estadunidenses era de 19,9 vezes o salário médio dos empregados, no período mais recente ela chega a ser 278,1 vezes maior. A convergência de interesses entre executivos de empresas e acionistas que recebem dividendos extorsivos leva a uma explosão dos níveis de remuneração dos dirigentes empresariais. Isso se dá à custa dos trabalhadores e da capacidade de investimento produtivo das próprias empresas: é a base da aliança entre os executivos das empresas produtivas (afinal, alguém tem de produzir) e o universo financeiro de gestão de ativos. A mudança da orientação do processo decisório nas empresas produtivas é essencial. Marjorie Kelly e Ted Howard (2019, p. 5) chamam esse sistema de economia extrativa:

> A nossa economia é "do 1%, pelo 1% e para o 1%", como expôs Joseph Stiglitz. No centro está o que nós, como coautores, chamamos de *viés de capital* [*capital bias*], um favoritismo dos donos de finanças e de riqueza que penetra invisivelmente por todo o sistema. Podemos chamá-lo de *economia extrativa* [*extractive economy*], pois está desenhado para assegurar que a elite financeira possa extrair o máximo de ganhos para si, em qualquer parte do globo, sem atenção para o prejuízo causado para trabalhadores, comunidades e meio ambiente.

Não são investidores no sentido tradicional, produtivo: são *speculative investors* [investidores especulativos], nos termos dos autores, "que detêm ações por minutos e assumem direitos de proprietários" (Kelly & Howard, 2019, p. 5).

Michael Hudson foca precisamente essa dimensão de travamento da produção e, em particular, da produção industrial:

> Marx e muitos dos reformadores menos radicais que lhe foram contemporâneos viam o papel histórico do capitalismo industrial como sendo o de remover a herança do feudalismo — os latifundiários, os banqueiros e os monopolistas que extraíam renda econômica (ou renta) sem produzir valor real. Mas aquele movimento de reforma fracassou. Hoje o setor das Finanças, Seguros e Imobiliário [FIRE, em inglês, pelas iniciais de *Finance, Insurance, Real Estate*] recuperou o controle do governo, criando economias neorrentistas.
>
> O objetivo deste capitalismo financeiro pós-industrial é o oposto daquele do capitalismo industrial bem conhecido dos economistas do século XIX. Ele busca riqueza primariamente através da extração de renda econômica, não da formação de capital industrial. O favoritismo fiscal para o setor imobiliário, a privatização do petróleo e da extração mineral, os bancos e os monopólios de infraestrutura aumentam o custo de vida e da atividade empresarial. O trabalho está sendo explorado crescentemente pela dívida aos bancos, pela dívida estudantil, pela dívida do cartão de crédito, ao passo que a habitação e outros preços são inflacionados com o crédito, deixando menos ren-

dimento para gastar em bens e serviços quando as economias sofrem deflação da dívida.[12]

Apresentamos essa citação mais longa de Michael Hudson porque ela explicita um ponto essencial deste estudo: uma coisa é constatar a desigualdade explosiva, o aumento radical da apropriação de riqueza no topo da pirâmide; outra é constatar que o enriquecimento resulta apenas parcialmente de atividades produtivas e constitui essencialmente uma apropriação por mecanismos financeiros. Repetindo, "ele busca riqueza primariamente através da extração de renda econômica [renta], não da formação de capital industrial". Trata-se precisamente de "renta", que resulta do rentismo improdutivo, conceito que apenas começa a aparecer na literatura econômica brasileira. Mas a distinção é essencial: "renta", aqui, é equivalente a *rent*, em inglês (e não *income*), ou *rente*, em francês (e não *revenu*). Um capitalismo que reinveste apenas marginalmente na reprodução ampliada do capital, desviando o essencial dos recursos para a ampliação de fortunas pessoais improdutivas, ainda é o mesmo sistema?

---

[12] HUDSON, Michael. "O Ocidente diz adeus ao capitalismo industrial", *Outras Palavras*, 12 mar. 2021.

O rentismo se torna dominante

Estamos acostumados a chamar de "capital" todo valor acumulado, incluindo casas, fábricas, ações e diversos tipos de papéis financeiros. Mas o conceito de capitalismo está baseado na sua inserção no processo de reprodução de capital, como no caso de um fabricante de sapatos que investe seu capital no ciclo produtivo, gerando empregos, produtos e impostos: trata-se aqui precisamente de "acumulação de capital". A reprodução ampliada do capital gera enriquecimento social, ainda que acarrete também a exploração dos trabalhadores. Ter contas gordas, ações, casas e iates significa ter patrimônio, riqueza (*wealth*), mas não capital. Os aristocratas franceses tinham riqueza da mesma maneira, extraída de produtores rurais, porém essa riqueza e os castelos não eram capital inserido no ciclo de reprodução de capital. Constituíam um dreno, como bem compreendiam os revolucionários franceses de 1789.

Joseph Stiglitz se refere à *unearned income*, que pode ser traduzida como "renda não merecida", e que constitui uma busca de renda (*rent-seeking*):

> Prática de obter riqueza não por meio de atividade economicamente válida, mas extraindo-a de outros, frequentemente por meio de exploração. Os exemplos incluem o monopólio que co-

bra em excesso pelos seus produtos (rendimentos de monopólio) ou empresas farmacêuticas que conseguem que o Congresso passe uma lei que permite que cobrem preços muito altos, bem como fornecer menos bens, serviços e inovação efetiva ao mercado. (Stiglitz, 2015, p. 14)

Trata-se de rendimentos sem a contrapartida produtiva, e não há como chamar isso de capitalismo. Envolve exploração, sem dúvida, mas não é o mesmo que uma pessoa correr o risco de investir numa indústria para produzir, ampliando o capital próprio mas também a riqueza social.

Marx trata amplamente dessa apropriação que esteriliza o capital, por exemplo, quando fala da usura e do capital fictício. Nessa análise, o que o capitalista produtor transfere para o banco é apresentado como uma repartição da mais-valia extraída do trabalhador. O capitalista produtivo tomava crédito, gerando lucro para o banco, mas o próprio crédito permitia os investimentos produtivos. Era o banco com função de fomento. A mudança é profunda quando o sistema de intermediação financeira se torna em grande parte parasita do processo produtivo, gerando fortunas das quais apenas pequenas parcelas retornam para o ciclo de produção. Não é mais o sistema financeiro que ajuda a empresa a desenvolver a atividade produtiva, mas o sistema produtivo a serviço da acumulação financeira. Nada que Marx não tivesse detalhado em termos de mecanismo, com a diferença de que o sistema financeiro se tornou dominante. A dominância leva, por sua vez, a uma inversão sistêmica: a produção é atividade-fim, a intermediação financeira é atividade-meio; e quando os meios se apropriam dos fins, temos muitos lucros financeiros e menos produtos.

Epstein e Montecino (2016), do Roosevelt Institute, estimam que apenas 10% do que é extraído do processo produtivo pelo sistema financeiro volta para a economia real. Mariana Mazzucato (2020) estima que essa cifra pode chegar a 15%. De toda forma, mantém-se a imagem usada pelos estadunidenses: *the tail is waiving the dog* — o rabo está abanando o cachorro. O essencial do excedente produzido pela sociedade não vai para os produtores, e o modo de produção precisa ser definido em função do principal modo de enriquecimento das elites, que é constituído hoje por um conjunto de mecanismos de extração de renda, não por acumulação produtiva de capital. A acumulação de capital pode hoje ser encontrada de maneira muito mais clara na China do que no Ocidente "capitalista", inclusive permitindo um ritmo impressionante de desenvolvimento. A China usa um sistema misto, mas com o sistema financeiro canalizado para fomentar atividades produtivas.

Ellen Brown apresenta de maneira muito clara essa mudança sistêmica, por meio da qual os Estados Unidos passaram do "capitalismo de papai-mamãe" (*mom-and-pop capitalism*) para o que chamou de tecnofeudalismo:

> Esses faraós dos últimos dias, os donos do planeta, os 5% mais ricos, fazem com que o resto de nós pague todo dia pelo direito de viver no planeta deles. E, à medida que os deixamos mais ricos, eles compram ainda mais o planeta para eles, e usam sua riqueza e poder para brigar entre si por mais riqueza — apesar de, naturalmente, sermos nós que temos que lutar e morrer na guerra deles.[13]

O rentismo está no centro do palco: temos, mais do que nunca, "elites do atraso", como as chamou Jessé Souza (2019). E não surpreende que o sistema atual tenha sido chamado de tecnofeudalismo por Ellen Brown, de neofeudalismo por Joel Kotkin (2020), de capitalismo parasitário por Zygmunt Bauman (2010), que leve ao grito indignado de *The Triumph of Injustice* [O triunfo da injustiça], de Saez e Zucman (2019), e tantas qualificações que se multiplicam. O essencial é compreender que é o núcleo duro do conceito de capitalismo que se

---

[13] BROWN, Ellen. "How America Went from Mom-and-Pop Capitalism to Techno-Feudalism", *Scheerpost*, 18 maio 2021.

deslocou, alterando o próprio processo de acumulação de capital. Não à toa, o mundo está estagnado em meio a tanta tecnologia e tanta riqueza — esta última, em grande parte, improdutiva. Capital financeiro, capital extrativo, capital passivo, capital parasitário — encontramos muitas qualificações na busca por redefinir o sistema. O capital subsiste, sem dúvida, nas empresas produtivas, mas o conjunto do sistema, a lógica do reinvestimento obedece aos interesses de rentistas improdutivos. E os que se referem ao modelo atual como um novo feudalismo estão mais próximos da realidade. Há muita semelhança entre o atual glamour de Davos e os bailes de Versalhes e as reuniões de Viena de séculos atrás.

Não é um mistério, em termos de mecanismo, e durante a pandemia, que tenhamos tanto enriquecimento no topo da pirâmide e bolsas tão pujantes quando as economias estão paralisadas ou em queda. O divórcio entre o crescimento das fortunas e a estagnação da produção mostra que um já não depende do outro. Octavio Ianni (1997) escreveu que "a política mudou de lugar". O capital também mudou de lugar. É o sistema que se desloca. Na era das fábricas e do operariado no centro do processo econômico, podia-se batalhar pela "socialização dos meios de produção". Hoje, precisamos resgatar o controle do rentismo improdutivo: finanças, tecnologia, informação, comunicação. O eixo de luta se deslocou, as plataformas se tornaram mais determinantes do que as fábricas.

Muitos lamentam com razão a desindustrialização do Brasil. Mas o essencial está no sistema de financeirização e de intermediação de commodities que gera essa desindustrialização, ao mesmo tempo que fomenta a reprimarização. Mariana Mazzucato e Robert Skidelsky deixam isso claro: "Deixadas por conta própria, as economias de mercado tendem a favorecer atividades de curto prazo ou de rentismo — daí as tendências radicais de financeirização e desindustrialização testemunhadas nas últimas quatro décadas".[14] O capital vai para onde rende mais, e o maior rendimento não está mais na produção.

Um editorial do jornal britânico *The Guardian* aponta para a profundidade da transformação:

> Hyman Minsky foi um pioneiro na compreensão do controle das finanças sobre a economia dos Estados Unidos — e das suas consequências para a sociedade. Nos anos 1980, ele previu o surgimento do "capitalismo de gestão do dinheiro" e anteviu que os investidores institucionais se tornariam mestres do universo. Hoje, estamos em um mundo de "capitalismo gestor da

---

14 MAZZUCATO, Mariana & SKIDELSKY, Robert. "Economia do comum, urgência máxima", *Outras Palavras*, 5 fev. 2021.

máquina do dinheiro", em que os algoritmos controlam a compra e a venda de títulos.

A pioneira nessa abordagem é a empresa estadunidense BlackRock, que é a maior gestora mundial de ativos e que no ano passado também se tornou a maior da Grã-Bretanha. Os humanos ainda definem as regras que os computadores seguem. Mas a inteligência artificial está diluindo a distinção. Os computadores gerem os portfólios de investimento, oferecendo fundos negociados em bolsas que automaticamente seguem os índices de ações e títulos. Isso teve tanto sucesso que os três grandes — as firmas estadunidenses BlackRock, Vanguard e State Street — atualmente gerenciam dezenove trilhões de dólares em ativos, aproximadamente um décimo dos títulos cotados no mundo.[15]

A dimensão aqui é importante: os ativos dos três grupos citados acima — BlackRock, Vanguard e State Street —, pouco conhecidos do público em geral, são equivalentes ao produto interno bruto (PIB) dos Estados Unidos (21,5 trilhões de dólares) e representam cerca de quatro vezes o orçamento do governo federal estadunidense. Só a BlackRock tem ativos que em 2022 ultrapassaram dez trilhões de dólares, mais de cinco vezes o PIB do Bra-

---

[15] "The Guardian View on Finance Failures: Manmade Errors Amplified by Machines", *The Guardian*, 21 mar. 2021.

sil. Nada produzem: intermedeiam. São atravessadores, cobradores de pedágio sobre atividades produtivas. O comércio mundial de commodities, por exemplo, está essencialmente nas mãos desses grupos. Eles constituem os novos vetores de apropriação do excedente social. Ellen Brown, ao buscar uma dimensão propositiva, foca essencialmente a intermediação:

> A reforma do sistema bancário é também outra importante ferramenta. Bancos que tenham uma utilidade pública poderiam alocar crédito para atividades produtivas servindo os interesses públicos. Outras possibilidades incluem a aplicação da legislação antimonopólio e a reforma da lei de patentes.[16]

Rentas financeiras, rentas de monopólio, pedágios sobre o conhecimento, pedágios sobre a comunicação, vigilância social individualizada por meio de algoritmos — esses são alguns dos eixos dominantes de apropriação do excedente social, que travam a capacidade de investimento produtivo.[17]

---

[16] BROWN, *op. cit.*

[17] Ver: *A sociedade vigiada* (Dowbor, 2020b) e, evidentemente, os trabalhos fundamentais de Shoshana Zuboff (2021).

O sistema baseado na exploração dos escravos constituía um modo de produção escravagista; o sistema baseado na exploração dos servos nos feudos foi um modo de produção feudal; o sistema baseado na exploração do operário em fábricas foi um sistema capitalista. O sistema que hoje enfrentamos, baseado na extração de renta através do controle das empresas produtivas (*absentee ownership*, regime de proprietários ausentes), da informação e do dinheiro, pode ser considerado um modo de produção rentista, fruto da revolução digital. Isso é muito mais do que uma "indústria 4.0". O capital improdutivo, que se insere apenas marginalmente no processo de produção para explorá-lo, não constitui o velho capitalismo — que tanto denunciamos, mas que pelo menos produzia, gerava empregos e pagava impostos.

———

Um sistema baseado na extração do excedente social por meio das diversas formas de rentismo, em que a exploração do trabalhador pela mais-valia deixa de ser dominante, tampouco se interessa por criar empregos. Os avanços tecnológicos sem dúvida contribuem para gerar desemprego pela simples dinâmica de substituição da força de trabalho, mas o processo é bem mais amplo. No Brasil, com aproximadamente 214 milhões de habitantes, o emprego formal privado se resume a 41,3 milhões de pessoas.[18] Somando 11,9 milhões de funcionários públicos,[19] são 53,2 milhões, apenas 50% da força de trabalho de 106 milhões. No conjunto, estamos falando de uma massa de cinquenta milhões de adultos em idade de trabalho sem emprego. A subutilização da força de trabalho, num país onde há tantas coisas por fazer, é absolutamente chocante e se soma ao próprio processo de substituição tecnológica. Voltaremos a essa questão mais adiante, pois se trata de um dos eixos principais de resgate do desenvolvimento.

Na realidade, um sistema cuja principal forma de apropriação do excedente social se dá por meio de rentismo improdutivo precisa cada vez menos de força de trabalho para ter quem explorar. O vendedor de bugigangas na praia ou nas praças já anda com "maquininha", pagando o pedágio para os bancos em cada operação. O antigo

[18] Dados do Cadastro Geral de Empregados e Desempregados (Caged) referentes a abril de 2022. Ver: "Brasil tem alta nas contratações em abril, mas queda no acumulado do 10º quadrimestre, diz governo", *G1*, 6 jun. 2022.

[19] Dados da Pesquisa Nacional por Amostra de Domicílios (Pnad) Contínua do Instituto Brasileiro de Geografia e Estatística (IBGE) referentes a fevereiro de 2021. Ver: "Brasil é um dos países que mais gastam com servidores públicos", *Exame*, 18 maio 2021.

proletariado é hoje cada vez mais identificado como "precariado". O fato de o dreno financeiro ser feito em grande parte sem exigir aumento de produção e de emprego afeta diretamente a força de trabalho. A tendência é mundial. No Norte da África, por exemplo, o setor informal supera 70% da população economicamente ativa.

O novo sistema é incomparavelmente mais destrutivo, gerador de desigualdade em escala qualitativamente superior, e irresponsável quanto aos impactos econômicos, sociais e ambientais. No essencial, perdeu a sua função de reprodução e expansão do capital produtivo — o que Marx chamou de reprodução ampliada do capital. Como mencionei, as fábricas não desaparecem com a revolução digital em curso, assim como a agricultura não desapareceu com a Revolução Industrial. Mas o eixo estruturante do sistema, a forma de apropriação do excedente social, se desloca. Expandir a produção, os empregos e a correspondente capacidade de compra da população, para poder escoar os produtos, passa a desempenhar um papel secundário. Veremos a seguir como essas transformações se concretizam em vários setores da economia.

2 Mecanismos de exploração financeira

A seguir, traçaremos em breves linhas os diversos mecanismos que permitem o que Gar Alperovitz e Lew Daly (2010) chamaram de "apropriação indébita". São dinâmicas já bem conhecidas nos últimos quarenta anos de neoliberalismo, mas que se expandem e se atualizam constantemente, à medida que avançam as tecnologias de apropriação e gestão de ativos financeiros, que se fragilizam os sistemas públicos de regulação e que as grandes plataformas se fortalecem com algoritmos que permitem a exploração individualizada e diferenciada.

Monopólio de demanda: o poder das plataformas

As maiores fortunas mundiais hoje não são mais baseadas em atividades produtivas, mas de intermediação do dinheiro, de comunicação, de conhecimento e de informação pessoal. São bens imateriais, que geram as maiores fortunas do planeta.

O dinheiro, como vimos, é hoje representado por sinais magnéticos. O dinheiro virtual permite a apropriação de fragmentos de praticamente todas as atividades econômicas por meio de pedágios financeiros. No Brasil — onde antigamente o dinheiro da compra saía do bolso do cliente diretamente para o caixa do comerciante —, hoje, com o pagamento por cartão de crédito, o banco drena cerca de 5% do valor da compra, uma tarifa, sem produzir nada. Na modalidade "débito", o dreno é da ordem de 2,5%. Com dezenas de milhões de transações diárias com cartão, o volume se torna muito elevado. O Departamento Intersindical de Estatística e Estudos Socioeconômicos (Dieese) calcula que, com essas e outras tarifas, sem contar os juros, os bancos pagam uma vez e meia a sua folha de pagamentos. Em outra era tecnológica, não seria viável inserir pequenos drenos em tantas operações dispersas. Com a moeda digital, porém, é só inserir a instrução no computador para drenar pequenas quantias de dezenas de milhões de pessoas. *Enter*. Essa microdrenagem atinge a todos, sem gerar atividade econômica ou empregos. O serviço é útil, mas a tarifa é radicalmente desproporcional.

Uma drenagem semelhante é imposta às transferências internacionais para famílias. Milhões de pessoas hoje trabalham nos Estados Unidos ou na Europa e fazem regularmente remessas para seus países de origem. São pequenos montantes enviados por pessoas simples, e os intermediários cobram cerca de 7% do valor remetido, quando os custos — simples envio de sinais magnéticos no computador — contam-se em centavos por remessa. Trata-se de mais um pedágio que consiste apenas numa instrução no computador. Em todas essas plataformas, onde antes havia uma pessoa para atender e preencher papéis, hoje é tudo on-line, e nos alegramos por poder "nós mesmos" resolver os nossos problemas. Os custos para as empresas caíram radicalmente, pagamos nossas contas pela internet, mas as tarifas e diversos custos se mantêm e são pagos por nós.

A expansão da economia das plataformas, onde antes dominavam unidades empresariais produtivas, generalizou a microdrenagem de maneira dramática. Inúmeros serviços não são mais comprados: adquire-se o direito de acesso. Jeremy Rifkin (2001) escreveu um excelente livro sobre essa transformação, *A era do acesso*. Pagamos mensalidades para assistir a filmes na Netflix, recebemos inúmeras ofertas com propostas de mensalidades baixas, inclusive alguns meses gratuitos no início. O fato é que esses microdrenos se somam, cortar o vínculo é burocraticamente irritante, e assim são centenas de milhões de pessoas que veem seus saldos no banco reduzidos, quer utilizem os serviços ou não.

O canal de TV britânico BBC é pago pelo preço de custo. Um cidadão do país paga pelo serviço, que é público, e tem boa programação sem publicidade, no que tem sido qualificado de "a melhor televisão do mundo". Nas TVs comerciais, a TV aberta se apresenta "sem custos", mas o pagamento é simplesmente indireto: a publicidade que interrompe os programas representa custos para as empresas que promovem os seus produtos, custos que são incorporados nos preços dos produtos que compramos. De toda forma, o dinheiro sai do nosso bolso, ainda que de forma indireta. E temos de enfrentar os intervalos publicitários, pagos do nosso bolso, para acessar as plataformas de comunicação.

O básico hoje, em termos de serviços de comunicação, é o acesso à internet, a uma linha de celular e a canais de TV minimamente decentes. Os pacotes oferecidos estão nas mãos de apenas algumas empresas, que cobram o que querem, pois se trata de serviços essenciais e porque constituem um oligopólio. Aqui também não é algo que compramos, e sim uma mensalidade que passamos a pagar para ter "acesso", para estar conectados. Os custos são ridículos se comparados com os preços cobrados, simples retransmissão de sinais. Não à toa, o mexicano Carlos Slim tem uma fortuna comparável à de Bill Gates. É um intermediário da comunicação. No Brasil, controla a Claro.

A Meta (Facebook), por exemplo, é gratuita na aparência. As fortunas que fluem para a empresa vêm da publicidade, paga por empresas que a inclui nos custos de produção, da mesma forma como na TV aberta, e terminam saindo do nosso bolso. Aqui tampouco temos opção; trata-se de "monopólio de demanda", ou seja, somos obrigados a utilizar o que os outros utilizam, o que leva a uma situação em que a empresa lucra com bilhões de pessoas que pagam os custos incorporados nos produtos que compram. As gigantescas fortunas que surgem da uberização da economia fazem parte dessa capacidade técnica de colocar drenos em tantas coisas pequenas que pagamos, dinheiro que flui para as sedes mundiais dos grandes grupos, plataformas de pedágio. Estamos falando aqui das maiores fortunas do mundo, em um sistema que permite que fragmentos do que ganha um simples entregador com a sua moto ou bicicleta sejam aspirados para os grandes grupos mundiais e seus acionistas.

O fato é que, em grande parte, o capitalismo de pedágio não exige esforços por parte de quem cobra: o dinheiro é deduzido da conta bancária, do salário, incorporado no preço da compra ou disfarçado de tarifas que nos parecem módicas, e o resultado são fortunas monumentais que resultam de simples intermediação. Não é inevitável. Lembremos que um serviço essencial e de uso diário generalizado é a World Wide Web, a www que colocamos em qualquer comunicação, que não gera nenhum custo. É administrada por um consórcio mundial sem fins lucrativos, e é nessa rede sem custos que navegam os serviços comerciais que drenam as nossas contas. Tim Berners-Lee, criador da www, recusou-se a cobrar tarifas de intermediação, dizendo que simplesmente não faria sentido: a comunicação é de utilidade pública.[20]

O endividamento generalizado

Quando o endividamento ultrapassa a capacidade de pagamento da dívida, seja devido aos juros elevados ou ao volume da dívida — e os banqueiros conhecem perfeitamente a situação do cliente, seja ele uma família, uma empresa ou o Estado[21] —, gera-se um processo perma-

>   **20** O pequeno livro de Tim Berners-Lee (2000), *Weaving the Web* [Tecendo a rede], é muito instrutivo para a compreensão do potencial subutilizado e do dreno comercial. Ver também: Eric S. Raymond (2010).
>   **21** O nível de informação das agências bancárias sobre a situação financeira dos clientes explodiu com os sistemas, inclusive tornados legais no Brasil, e com o aporte das tecnologias modernas e corporações gestoras de informações individualizadas,

nente de transferência de recursos. É o chamado serviço da dívida, que leva por exemplo a dívidas estudantis que pessoas aposentadas ainda estão pagando: os formandos passarão a vida repassando parte dos seus salários aos banqueiros, iludidos que foram pela perspectiva de grandes ganhos proporcionados pelo diploma, com propaganda muito ativa dos bancos. No Brasil, em 2003, a dívida das famílias equivalia a 18% do rendimento familiar; em 2012, chegou a 45%, nível não excessivo em termos internacionais, mas com juros estratosféricos. O financiamento da pequena e média empresa seguiu o mesmo ritmo, levando ao estrangulamento financeiro. Ampla pesquisa realizada em fins de 2016 sobre o endividamento privado (famílias e pessoas jurídicas) apresentou o volume de recursos extraídos da economia real pelos bancos: um trilhão de reais em um ano, equivalente na época a 16% do PIB. A manchete com que o jornal *O Estado de S. Paulo* deu a notícia, em 18 de dezembro, é significativa: "Crise de crédito tirou R$ 1 trilhão da economia e aprofunda recessão". Somando 6% de juros sobre a dívida pública, temos um quinto do PIB transformado em lucros financeiros improdutivos.

---

como a Serasa Experian. Ver: QUEIROZ, Luiz. "Governo libera dados biométricos e biográficos de cidadãos para 'degustação' de 109 bancos", *Capital Digital*, 7 jan. 2022.

Apresentamos esses dados com análise detalhada sobre o caso brasileiro em *A era do capital improdutivo* (Dowbor, 2017), mas o endividamento generalizado das famílias, das empresas e dos Estados é planetário, e envolve tanto o endividamento interno como o internacional.[22] Grande parte da humanidade trabalha para alimentar intermediários financeiros. E as pessoas se esquecem que o dinheiro emprestado ou é da própria sociedade, ou é simplesmente emitido em forma de sinais magnéticos — dinheiro virtual — pelos bancos, que cobram juros sobre um dinheiro que não lhes custou nada. São atividades-meio, custo líquido para a sociedade que só se justificaria se o aporte para a acumulação do capital fosse maior do que a extração.

---

[22] Ver: Dowbor (2017), em particular o capítulo 12; dados referentes a 2022 podem ser encontrados na Pesquisa de Endividamento e Inadimplência do Consumidor (Peic), Confederação Nacional do Comércio de Bens, Serviços e Turismo (CNC), 2 maio 2022. Disponível em: https://www.portaldocomercio.org.br/publicacoes/pesquisa-de-endividamento-e-inadimplencia-do-consumidor-peic-abril-de-2022/423798; para o serviço da dívida pública, ver: LUQUE, Carlos *et al.* "Uso e abuso da taxa de juros", *Valor*, 11 maio 2022 — "Desde 1995 o governo pagou aos detentores da dívida pública o equivalente a 5%-7% do PIB ao ano, muito mais do que o déficit das aposentadorias ou outros itens de gastos [que são] objeto de muita discussão no Congresso e mídia".

Uma pessoa emitir dinheiro constitui um crime, pois ela adquiriria um poder de compra sem ter contribuído com a produção. Os bancos hoje emitem dinheiro. O papel-dinheiro impresso pelos governos atualmente representa 3% da liquidez. Os 97% restantes constituem apenas anotações em computadores, dinheiro virtual, emitido em grande parte pelos bancos. Quando um banco nos cobra caro por um dinheiro pelo qual não precisou pagar, os acionistas passam a adquirir um poder de compra sem ter precisado contribuir com a produção. Quando o Lehman Brothers decretou falência, por exemplo, tinha emitido 27 vezes mais dinheiro, em forma de empréstimos, do que tinha em caixa (*leverage*). O banco faliu — bastou que algumas empresas retirassem seu dinheiro para que ele quebrasse —, mas os acionistas embolsaram os dividendos. Com a crise de 2008, os bancos receberam trilhões em resgate, dinheiro público, dinheiro que poderia ter sido utilizado para infraestrutura e políticas sociais.

A massa da população tem pouca escolha, em particular quando se privatizam as políticas sociais. Segundo Eric Toussaint,

> bancos privados e outras instituições privadas investiram muita energia no desenvolvimento de uma política de financiamento para pessoas comuns que buscam empréstimos porque as suas

rendas são insuficientes para pagar a educação superior ou os cuidados de saúde. Nos Estados Unidos, a dívida estudantil chegou a 1,7 trilhão de dólares, com 165 bilhões de dólares de inadimplência sobre empréstimos estudantis, quando grande parte das garantias são sujeitas a condições abusivas.[23]

Para se apropriar do excedente social, o banco não precisa gerar empregos — e, cada vez menos, precisa gerar crédito produtivo: empregados ou não, no Brasil, 62 milhões de adultos estão afundados em dívidas, dos quais 25% em falência pessoal. Com a pandemia, famílias e empresas em situação crítica se atolaram ainda mais, sem ter como escapar da agiotagem. Os trabalhos de Yanis Varoufakis mostram como a extorsão funciona no nível internacional, no caso da Grécia.[24]

---

[23] BROWNSWORD, Dan. "To Address Increasing Inequality and Global Poverty, We Must Cancel Debt", *Truthout*, 15 jun. 2021.
[24] O filme *Adults in the Room*, que no Brasil foi traduzido como *Jogo de Poder*, de Costa-Gavras (2019), tem a vantagem de mostrar como se articulam o poder político e o sistema financeiro, detalhando os mecanismos de exploração pela dívida. Ver também: FAROUFAKIS, Yanis. *Adultos na sala: minha batalha contra o establishment*. São Paulo: Autonomia Literária, 2019.

Extração de dividendos

A lógica aqui é próxima da lógica do endividamento. As pessoas que compram ações consideram que estão financiando uma empresa e com isso favorecendo as atividades empresariais. Mas quando a remuneração das ações (os dividendos) está no limite do excedente que a empresa gera, ela perde capacidade de reinvestimento. O mecanismo permite entender, por exemplo, a dinâmica econômica do Brasil e de outros países onde a economia não cresce, mas a bolsa está bombando, oferecendo mais rendimentos para os acionistas.[25] A tragédia de Mariana (MG), ocasionada em parte porque a Samarco preferiu aumentar os dividendos dos acionistas e, consequentemente, os bônus dos executivos, em vez de investir na segurança da barragem, é paradigmática. A BP, depois do vazamento que provocou no Golfo do México, para pagar as multas nos Estados Unidos, preferiu vender campos de petróleo, descapitalizando a empresa, em vez de reduzir os dividendos dos acionistas. O caso da Petrobras é particularmente crítico: alinharam os preços do produto que é do país com os preços interna-

---

[25] Para o caso do Brasil, ver: KLIASS, Paulo. "A bolsa vai bem e o povo vai mal", *Vermelho*, 8 jun. 2021.

cionais, fazendo explodir os dividendos (para os acionistas) e a inflação (para a população). Exemplos não faltam.[26]

Aplicação financeira não é investimento, no sentido de construir uma estrada, uma fábrica ou uma escola, atividades que geram aumento do capital acumulado da sociedade. Trata-se, precisamente, de aplicação financeira, ainda que os bancos qualifiquem de "investimento" qualquer atividade especulativa. Da mesma forma, renta gerada por habilidade em lidar com papéis financeiros não é a mesma coisa que lucro sobre um processo produtivo que gera capital fixo, produto, emprego e impostos. Marjorie Kelly (2003, p. XIII) deixa claro o novo mecanismo:

> No desenho do sistema do capitalismo aristocrático, os CEOs são contratados por acionistas e dirigidos por conselhos para focar apenas um objetivo: maximizar os retornos dos acionistas. Os executivos são pagos apenas quando atingem esse objetivo [...]. Temos hoje indignação quanto à falta de legitimidade dos ganhos dos CEOs. Mas em nenhum lugar encontramos indignação quanto à falta de legitimidade dos ganhos dos acionistas, pois se

---

[26] Sobre a Petrobras e os impactos inflacionários, ver: DOWBOR, Ladislau. "Como as privatizações estão aumentando a inflação", *Jacobin Brasil*, 9 maio 2022.

trata do sol em volta do qual o sistema gira. Questioná-lo é questionar o direito divino do capital.

A autora explicita que esse tipo de apropriação de recursos equivale à apropriação indébita dos senhores feudais: "Os detentores de ações se apropriam de uma riqueza que pouco contribuíram para criar, de forma parecida com a que os nobres usavam para reivindicar privilégios que não adquiriram com trabalho" (Kelly, 2003, p. 29). E completa:

> Em vez de capitalizar empresas, o mercado de ações as descapitaliza. Os detentores de ações têm representado durante décadas um imenso dreno da liquidez das corporações. Eles são a mais morta das madeiras. É até incorreto falar dos detentores de ações como *investidores*, pois em verdade são *extratores*. Quando compramos ações, não estamos contribuindo com capital: estamos comprando o direito de extrair valor. (Kelly, 2003, p. 35)[27]

---

[27] Em carta publicada pelo Business Round Table em 2019, 181 das maiores corporações estadunidenses se comprometeram a ir além dos interesses dos acionistas (*shareholders*) para responder a preocupações de governança socioambiental, conhecida pela sigla ESG. Por enquanto, trata-se basicamente de uma carta de intenções. Ver: DOWBOR, Ladislau. "A economia desgovernada: novos paradigmas", *Scholas Chairs' Journal*, v. 2, n. 2, p. 79-102, jun. 2020.

Lembremos que, como ordem de grandeza, 85% das aplicações financeiras estão nas mãos dos 10% mais ricos. É um pedágio generalizado sobre processos produtivos.[28]

Privatizações e apropriação de recursos naturais

As fortunas modernas encontraram na narrativa do Estado mínimo o melhor caminho para se apropriar de riqueza sem precisar investir, herdando a baixo custo um capital construído pelo setor público com os recursos públicos. É o caso em particular da apropriação da extração mineral, produtos naturais que pertencem à nação e que são exportados em estado bruto, rendendo imensas fortunas para os acionistas. Desde 1993, o Banco Mundial propõe corretamente contabilizar a extração de petróleo, por exemplo, como descapitalização do país, e não como aumento do PIB.

Um exemplo disso é o caso da Petrobras. Das negociações que se desenrolaram na primeira década do século XXI

---

[28] Para uma análise detalhada dos mecanismos de apropriação do excedente social no chamado mercado de capitais, ver: *Fictitious Capital: How Finance Is Appropriating our Future* (Durand, 2017).

resultou uma legislação importante: sendo o petróleo da nação, os lucros da sua venda deveriam ser canalizados para financiar o desenvolvimento do país; haveria "partilha", e não entrega. Com a privatização, as reservas passaram a servir para alimentar dividendos de acionistas do Brasil e do resto do mundo, resultando em rentismo improdutivo e, com o aumento do PIB, aparência de progresso. Com o peso dos acionistas internacionais, privatização, nesse caso, significa desnacionalização. Com a privatização crescente e a adoção de preços internacionais no mercado interno, gerou-se a inflação, e os lucros resultantes dos preços mais elevados fizeram explodir os dividendos, cuja maior fatia é destinada para grupos internacionais. É simples: aumentam os preços, e o que uma dona de casa paga a mais por um botijão de gás resulta em dividendos para "investidores" que apenas compraram o direito de drenar um recurso natural do país.

A privatização da Eletrobras segue no mesmo caminho. O Brasil possui uma base importante de produção de energia hidrelétrica e realizou, com os impostos da população, infraestruturas de grande porte, tanto de geração como de transmissão e de capacidade de gestão.

> Estimativas calculam que o valor de mercado da Eletrobras é de pelo menos quatrocentos bilhões de reais, podendo chegar a um

trilhão de reais. E o governo quer entregar por sessenta bilhões. [...] A Eletrobras tem quinze bilhões de reais em caixa e, graças a seus bons indicadores financeiros, pode tranquilamente alavancar mais quarenta bilhões de reais. Tem total condição de realizar novos investimentos. Desde 2019, já distribuiu 7,6 bilhões de reais só em dividendos.[29]

Aqui também há uma apropriação de bens públicos sem a contrapartida correspondente, e recursos gerados com investimento público passarão a alimentar, em proporção radicalmente maior, grupos financeiros não produtivos, que poderão inclusive aumentar preços — prioridade dos acionistas — e encarecer a energia elétrica tanto para famílias como para empresas. O preço do quilowatt seguirá a mesma lógica que provocou o aumento do preço da gasolina e do botijão de gás em 2021 e 2022.

Muito semelhante à exploração de recursos naturais é o oligopólio de traders que controlam o sistema de grãos no planeta. Um relatório da Oxfam mostra como quatro gigantes corporativos — Archer Daniels Midland (ADM), Bunge, Cargill e Louis Dreyfus, conhecidas como as companhias ABCD — controlam até 90% do comércio global

---

[29] LEITÃO, Miriam. "Consumidor vai pagar uma Eletrobras para o governo privatizar a Eletrobras", *O Globo*, 15 jun. 2021.

de grãos, levando à financeirização tanto da comercialização de commodities quanto da produção agrícola.

> Os traders têm sido essenciais na transformação da produção de alimentos num negócio complexo, globalizado e financeirizado. O preço dos alimentos, o acesso a recursos escassos como terra e água, a mudança climática e a segurança alimentar são todos impactados pelas atividades dos traders.[30]

Uma vez que essas empresas estejam nas mãos de grupos financeiros, há todo interesse em elevar os preços dos produtos e serviços que oferecem, pois assim elas aumentam os seus dividendos. A inflação não é um fenômeno natural, em que os preços "sobem": na raiz, alguém os eleva; e, no caso, o oligopólio pode elevá-los sem medo de concorrência, sem qualquer justificativa. A lei da oferta e da procura, sempre mencionada, tem um papel secundário. Os preços sobem e os lucros explodem. São

---

[30] MURPHY, Sophia *et al*. "Cereal Secrets: The World's Largest Grain Traders and Global Agriculture", Oxfam, ago. 2012. Disponível em: https://www-cdn.oxfam.org/s3fs-public/file_attachments/rr-cereal-secrets-grain-traders-agriculture-30082012-en_4.pdf.

opções políticas, baseadas em poder de "mercado". Faz tempo que não estamos na era de Adam Smith.

A tendência é planetária, gerando mais apropriação do excedente social e dos recursos naturais por grupos financeiros improdutivos. George Monbiot apresenta essa dinâmica:

> Ao cortar o financiamento das repartições, eliminar as equipes e descartar os especialistas que as apoiavam, fechar programas de pesquisa e perseguir os funcionários públicos que permanecem, o Estado que odeia a si mesmo está destruindo o próprio aparato de governo. Ao mesmo tempo, está destruindo as proteções públicas que nos defendem do desastre [...]. As forças que ameaçam destruir o nosso bem-estar são também as mesmas por toda parte: essencialmente o poder de lobby dos grandes negócios e do grande dinheiro, que veem a administração pública como um impedimento aos seus interesses imediatos.[31]

Os investidores institucionais privados que adquirirem a empresa pública irão sem dúvida explorar os trabalhadores, na linha da mais-valia tradicional, mas a sua posição de força lhes permitirá gerar renta de monopólio,

---

[31] MONBIOT, George. "Is This the End of Civilization? We Could Take a Different Path", *The Guardian*, 24 jan. 2018.

em forma de dividendos e de preços mais elevados que todos os cidadãos irão pagar. Sem propriedade ou regulação estatal, e no contexto de monopólios ou oligopólios — portanto, sem mecanismos de concorrência —, as atividades se transformam no "capitalismo extrativo" que vimos anteriormente.

Apropriação dos bens e serviços de consumo coletivo

Em economias que funcionam de maneira razoável, o bem-estar das famílias depende em grande parte do acesso gratuito a bens de consumo coletivo. Em termos numéricos, podemos dizer que 60% do conforto familiar depende do dinheiro no bolso, que permite fazer as compras, pagar o aluguel, coisas que fazem com que nos sintamos mais seguros e donos das nossas vidas. Mas os outros 40% constituem o que tem sido chamado de salário indireto, ou seja, o acesso aos bens de consumo coletivo. Precisamos de segurança, mas não se compra a delegacia de polícia. Temos de ter acesso aos serviços de saúde, não só curativos, mas também preventivos, em forma de saneamento básico, controle de emissões de gases poluentes, restrição aos agrotóxicos e antibióticos na nossa comida. O acesso à educação precisa ser generalizado, gratuito, público e universal: toda criança precisa ter a sua chance na vida, e a desigualdade do acesso trava o imenso potencial de contribuição econômica e social da massa mais pobre da população, atuando como uma esterilização das possibilidades de desenvolvimento. Thomas Piketty (2020) pensa, com razão, a desigualdade educacional no mesmo nível crítico que a desigualdade de renda e de patrimônio.

O rentismo nessa área surge, no Brasil e em outros países, do fato de que as restrições ao acesso aos bens de consumo coletivo obrigam as famílias a se voltar para os serviços privados. É o caso, por exemplo, dos planos privados de saúde. Ainda que representem solução adequada para os mais ricos, que querem ter um serviço sob medida, a saúde privada deixa de fora a ampla maioria da população. A lei do teto de gastos, patrocinada pelo governo de Michel Temer, ao reduzir os recursos do Sistema Único de Saúde (SUS), por exemplo, força as pessoas a contratar planos privados, ainda que estejam no limite em termos de renda. A fragilização da educação pública tende a ter o mesmo efeito, empurrando os pais a se sacrificarem para assegurar um futuro melhor para os filhos, com uma base mais sólida de conhecimentos. A guerra contra as universidades federais tende a ter o mesmo efeito, de forçar mais clientes para o que se tornou uma indústria do diploma. Faz pouco sentido uma geração de estudantes que sai das universidades com grandes dívidas para descobrir que o emprego sonhado não está garantido.[32]

Não são médicos que comandam os planos privados de saúde, nem educadores no caso das escolas, e sim grupos financeiros. A revista *Forbes* apresenta as fortunas pessoais acumuladas em 2019. Carlos Wizard é dono de três bilhões de reais:

> Wizard voltou ao mundo da educação em 2017, com a compra de 35% da Wiser Educação, dona das redes WiseUp e NumberOne, do também bilionário Flávio Augusto da Silva. Em abril deste ano, o grupo vendeu participação minoritária para o Itaú, por meio do seu fundo de investimentos Kinea, por 200 milhões de reais.[33]

---

[32] Quarenta e sete por cento dos jovens entre 15 e 29 anos querem deixar o país — o que é um desastre. O desemprego jovem atingiu 31%. Ver: CANZIAN, Fernando. "Sem perspectivas, metade dos jovens quer deixar Brasil", *Folha de S. Paulo*, 20 jun. 2021.

[33] "Mais de 200 bilionários brasileiros", *Forbes*, ano VII, n. 71, 2020, p. 98, em particular a tabela da p. 111. Ver também: "315 bilionários brasileiros", *Forbes*, ano VIII, n. 89, 2021. O grupo de bilionários passou a ter um patrimônio equivalente a 25% do PIB.

Educadores? É importante notar que se trata de negócios, numa era em que o acesso à educação está se tornando cada vez mais fundamental. Chaim Zaher acumulou uma fortuna de 2,5 bilhões de reais vendendo as marcas Dom Bosco, Pueri Domus, Name e COC para a financeira britânica Pearson por 888 milhões de reais, e a rede de ensino superior Uniseb para o grupo Estácio por 615 milhões de reais. O paraibano Janguiê Diniz, principal acionista da Ser Educacional, abriu capital na Bovespa em 2013, comprou a Univeritas de Minas Gerais em 2016 e investe em educação a distância — uma grande indústria com baixos custos, o que eleva os lucros, e frágeis resultados educacionais.

Na área da saúde, é característico o comportamento de Paulo Sérgio Barabanti, com uma fortuna de 1,6 bilhão de reais, que vendeu a Intermédica para a *private equity* estadunidense Bain Capital, retirou-se da atividade e vive da fortuna acumulada. Para se ter ideia, uma pessoa que aplica a fortuna de um bilhão de reais com um módico rendimento de 5% ao ano está ganhando 137 mil reais por dia, sem fazer nada. É também o caso de José Seripieri Filho, que fez uma fortuna de 1,2 bilhão de reais com a Qualicorp, que administra planos de saúde coletivos no Brasil. Ele repassou a atividade para terceiros e foi viver do rendimento de ações. É um comportamento generalizado: empresários que começaram uma atividade produtiva vendem a empresa para grupos financeiros, muitas vezes estrangeiros, como a Pearson na área da educação, ou a BlackRock na área da saúde, e passam a viver do rendimento das ações. As empresas, por sua vez, passam a ser utilizadas para extrair o máximo de dividendos. Os onze bilionários que vivem de explorar o setor da saúde acumularam uma fortuna de 56,88 bilhões de reais. As empresas que gerem essas fortunas buscam extrair o máximo delas. A educação dos jovens e a saúde das famílias constituem apenas uma fonte de dinheiro para essa gente. *The business of business is business.*

O raciocínio pode ser aplicado a numerosos setores. Tanto o conforto das famílias como a produtividade das empresas dependem, por exemplo, de ruas asfaltadas, de redes de estradas etc. O essencial aqui é que grande parte da infraestrutura foi construída com recursos públicos, permitindo rendimentos mais elevados do setor privado sem que as empresas tenham contribuído significativamente para os custos. A produtividade sistêmica de um país e o lucro ampliado das empresas dependem muito da infraestrutura e dos serviços de consumo coletivo — são eles que representam lucro líquido para as empresas, apesar de a iniciativa privada gostar de se referir apenas à própria criatividade e ao poder mágico dos "mercados" para explicar seus ganhos. Essa dimensão simplesmente não aparece nas contas econômicas, mas sim nas análises de Hazel Henderson, que apresenta a necessidade de ajuste na contabilidade nacional, incluindo a contribuição produtiva das infraestruturas geradas pelo setor público.

Mariana Mazzucato e Robert Skidelsky denunciam a política fiscal contracionista e resgatam esse papel das políticas públicas:

> A crise de covid-19 tornou as falhas do modelo ortodoxo ainda mais óbvias, ao ressaltar a grave deficiência de bens públicos, desde a infraestrutura básica de saúde até equipamentos de proteção individual. [...] Agora que a covid-19 expôs os danos causados pelo paradigma anterior, é hora de começar a mapear uma nova era de investimento público para remodelar nosso cenário tecnológico, produtivo e social. Deixadas por conta própria, as economias de mercado tendem a favorecer atividades de curto prazo ou de rentismo — daí as tendências radicais de financeirização e desindustrialização testemunhadas nas últimas quatro décadas.[34]

Quando corporações usam serviços públicos, mas praticam a evasão fiscal, trata-se do *free-riding* [ação livre] de rentistas.

---

[34] MAZZUCATO & SKIDELSKY, *op. cit.*

Evasão fiscal

O dinheiro ganho pelos rentistas acarreta imensas fortunas sem contribuição produtiva, mas também sem pagar impostos. O sistema econômico em geral depende em grande parte de capital público acumulado, hoje muito amplo nos países ricos, inclusive no Brasil, em forma de infraestrutura energética, de transportes, de comunicação, de saneamento, além dos sistemas de saúde, educação, segurança e outros que são essenciais para a sociedade como um todo. O excedente produzido pela sociedade depende de modo vital do capital público acumulado. Essa base essencial da produtividade econômica foi financiada com recursos públicos, e pagar impostos constitui um dever tanto do cidadão quanto das empresas que usam essas infraestruturas. Boas infraestruturas reduzem custos de produção, constituindo *economias externas* para as empresas. Porém, as grandes fortunas têm força política suficiente para evitar pagar a sua parte.

No caso brasileiro, é absurda a lei de 1995 que isenta de tributação lucros e dividendos distribuídos. Mas o caso dos magnatas mundiais não é muito diferente, como se viu com os dados fiscais dos maiores bilionários estadunidenses vazados em 2021. Um sistema infantil de tão simples permite uma evasão gigantesca: nos Estados Unidos, os bilionários mantêm as suas fortunas em ações, imóveis e objetos de luxo, que só são taxados quando vendidos.

> O sistema tributário dos Estados Unidos foca a renda, não o que é chamado de ganhos não realizados sobre ações não vendidas, imóveis ou outros ativos. [...] Ninguém entre os 25 mais ricos evitou tanto imposto quanto Warren Buffett, o ancião centibilionário. Isso talvez seja surpreendente, dada a sua imagem pública de defensor de impostos mais elevados para os ricos. De acordo com a *Forbes*, sua riqueza aumentou em 24 bilhões de dólares entre 2014 e 2018. Durante esses anos, Buffett informou ter pagado 23,7 milhões de dólares em impostos. Isso representa uma alíquota efetiva de 0,1%, ou seja, menos de dez centavos para cada cem dólares que ele acrescentou à sua riqueza.[35]

Esses dados, revelados pelo site jornalístico *ProPublica*, mostram que o comportamento é generalizado e envolve as maiores fortunas. Eu, professor universitário, pago 27,5% de imposto sobre o meu salário, contribuindo, como todos nós, para as fortunas improdutivas.

[35] EISINGER, Jesse; ERNSTHAUSEN, Jeff & KIEL, Paul. "The Secret IRS Files: Trove of Never-Before-Seen Records Reveal How the Wealthiest Avoid Income Tax", *ProPublica*, 8 jun. 2021.

Robert Reich, que foi secretário do Trabalho do governo do presidente estadunidense Bill Clinton, mostra a relação entre a evasão fiscal absurda — quanto mais ganham, menos pagam — e a apropriação do processo decisório público nos Estados Unidos:

> A bomba que representou o relatório da *ProPublica* sobre o fato de os super-ricos estadunidenses pagarem pouco ou nada em impostos revela não só a sua riqueza espantosa como também a forma como traduziram essa riqueza em poder político para encolher os seus impostos a quase nada.[36]

Eric Toussaint, um especialista em dívida, explica com clareza o impacto sobre o crescimento da dívida pública causado pela evasão fiscal dos super-ricos: "A dívida pública continua a explodir em volume porque os governos estão se endividando massivamente para evitar taxar os ricos para ajudar a custear as medidas de resistência à covid-19, e não demorarão a retomar a sua ofensiva de austeridade".[37] Mariana Mazzucato (2014) apresenta os mecanismos que permitem que as corporações usem

---

[36] REICH, Robert. "When America's Richest Men Pay $0 in Income Tax, This Is Wealth Supremacy", *The Guardian*, 10 jun. 2021.
[37] BROWNSWORD, *op. cit.*

recursos desenvolvidos no setor público, cobrando dos consumidores pelo que não produziram e sonegando impostos sobre os lucros obtidos.

Paraísos fiscais

Os paraísos fiscais têm hoje um papel fundamental na perda de controle por parte dos Estados. O exemplo da Microsoft é ilustrativo do comportamento geral das grandes corporações. Uma subsidiária irlandesa da companhia fundada por Bill Gates teve um lucro de 315 bilhões de dólares em 2020, mas não pagou imposto sobre corporações, já que é "residente", para efeitos tributários, em Bermuda. "O lucro gerado pela Microsoft Round Island One é quase três quartos do PIB da Irlanda — ainda que a empresa não tenha empregados", diz uma reportagem do *Guardian*.[38] Mas a Microsoft não era uma empresa estadunidense?

O Roosevelt Institute aponta o peso dos paraísos fiscais e a perda de controle público sobre as grandes corporações, na ausência de instrumentos multilaterais de regulação:

---

[38] NEATE, Rupert. "Microsoft's Irish Subsidiary Posted £ 220bn Profit in Single Year", *The Guardian*, 3 jun. 2021.

A legitimidade das instituições econômicas multilaterais depende de elas produzirem resultados que líderes de Estados soberanos e democráticos possam abraçar. Quando corporações multinacionais transferem 1,38 trilhão de dólares dos seus países de origem para paraísos fiscais como Luxemburgo ou Ilhas Cayman para evitar pagar impostos, e companhias como Facebook detêm um poder desproporcional nas nossas democracias, as instituições multilaterais podem e devem servir como poder coletivo de contrapeso para prevenir a extração de riqueza às expensas da nossa população. [...] Agora é o tempo de nos movermos para além da ordem neoliberal e para uma nova era de igualdade e justiça. Agora é o momento de reescrevermos as leis internacionais.[39]

A autora desse texto, Felicia Wong, do Roosevelt Institute, estima que precisamos de um novo Bretton Woods, e lembra corretamente que as opções pertencem a nós como sociedade — são regras (*rules*), e não "leis" econômicas imaginárias: "Os resultados econômicos são o

[39] WONG, Felicia. "A Bretton Woods Moment: How This Year's G7 Summit Could Rewrite the International Rules", Roosevelt Institute, 3 jun. 2021. Disponível em: https://rooseveltinstitute.org/2021/06/03/a-bretton-woods-moment-how-this-years-g7-summit-could-rewrite-the-international-rules/.

produto de instituições políticas, de escolhas humanas, e de regras que estruturam os mercados".[40]

Depois de anos de hesitação, em meados de 2021 finalmente apareceu no horizonte, durante a Cúpula do G7,[41] no Reino Unido, a proposta de uma modesta taxa de 15% sobre os lucros das corporações transnacionais. Dani Rodrik resume:

> O acordo do G7 tem dois eixos. Primeiro, propõe um imposto mínimo de 15% sobre as maiores corporações. Segundo, uma parte do lucro global dessas corporações será trazido de volta aos países onde fazem seus negócios, independentemente da localização das suas sedes físicas.[42]

---

40 WONG, *op. cit.*

41 Grupo que reúne representantes do governo de sete dos países mais industrializados do mundo: Canadá, França, Alemanha, Itália, Japão, Reino Unido e Estados Unidos, além da União Europeia. [N.E.]

42 RODRIK, Dani. "The G7 Tax Clampdown and the End of Hyper-Globalization", *Project Syndicate*, 7 jun. 2021. Os impactos financeiros podem ser encontrados em: BARAKE, Mona *et al.* "Collecting the Tax Deficit of Multinational Companies: Simulations for the European Union", Eutax Observatory, jun. 2021. Disponível em: https://www.taxobservatory.eu/wp-content/uploads/2021/06/TaxObservatory_Report_Tax_Deficit_June2021.pdf.

A importância da decisão do G7 tem sem dúvida a ver com o fato de possibilitar financiamento adicional a políticas públicas, mas também com o fato de os fluxos financeiros internacionais passarem a ser registrados. A revista *The Economist* avalia que se trata de uma restrição drástica ao papel dos paraísos fiscais em geral. Contudo, por enquanto, o sistema segue se expandindo, como se constata nas sucessivas revelações do Consórcio Internacional de Jornalistas Investigativos (ICIJ) sobre os Panama Papers, Paradise Papers e Pandora Papers.[43]

Para quem pensa que a evasão fiscal por meio de paraísos fiscais é um processo marginal, a *Economist* traz os números básicos:

> Um estudo de 2018 concluiu que cerca de 40% dos lucros das multinacionais realizados no exterior são artificialmente transferidos para países com baixa carga tributária. Um funcionário envolvido de perto nas discussões atuais acha que o acordo que está tomando forma poderia "praticamente matar os paraísos".[44]

---

[43] "Offshore Havens and Hidden Riches of World Leaders and Billionaires Exposed in Unprecedented Leak", ICIJ, 3 out. 2021. Para as fortunas brasileiras em Luxemburgo, ver: ABREU, Allan *et al.* "Os 300 de Luxemburgo", *piauí*, 8 fev. 2021.
[44] "Twilight of the Tax Haven", *The Economist*, 3 jun. 2021.

Em outro texto, a revista aponta: "A parte dos lucros no exterior das multinacionais registrados nos paraísos fiscais subiu de 30% duas décadas atrás para cerca de 60% hoje".[45] São 60% dos lucros, e dobrando em duas décadas.

As ilhas tropicais sem dúvida contribuem, mas, em essência, esses territórios fazem parte da Grã-Bretanha. O maior beneficiário da evasão fiscal, do dinheiro de corrupção, da lavagem de dinheiro e semelhantes são os Estados Unidos. O relatório mundial da Tax Justice Network publica o

> Financial Secrecy Index, que ordena cada país segundo a intensidade com a qual o sistema financeiro e legal do país permite aos indivíduos esconder e lavar dinheiro extraído de qualquer parte do mundo. [...] Os Estados Unidos aumentaram dramaticamente a distância entre eles mesmos e o resto do mundo ao assegurar a maior oferta de segredo financeiro [*financial secrecy*] já anotada pelo índice — quase duas vezes o segundo maior fornecedor atualmente no índice, a Suíça.[46]

---

[45] "What Could a New System for Taxing Multinationals Look Like?", *The Economist*, 13 maio 2021.
[46] MANSOUR, Mark Bou. "U.S. Tops Financial Secrecy Ranking as G7 Countries Upend Global Progress on Transparency", Tax Justice Network, 17 maio 2022.

A Grã-Bretanha, se incluirmos as ilhas que controla, está muito próxima. O fato é que os núcleos do mundo desenvolvido são de longe os maiores operadores de finanças ilegais. Os Estados Unidos se apresentam como campeões da luta contra a corrupção, mas sobretudo em outros países. No Brasil, vimos os efeitos disso com a Lava Jato. A privatização lhes permite adquirir ações e, consequentemente, a propriedade das empresas estatais alvo de sua cruzada anticorrupção.

Apresentamos os dados de forma mais detalhada no livro *A era do capital improdutivo* (Dowbor, 2017). O que nos interessa aqui é que esses recursos não fazem parte de um processo de reprodução do capital: trata-se literalmente de dinheiro gerando dinheiro, processos extrativos que asseguram uma apropriação radicalmente mais intensiva do excedente social por elites improdutivas. Lembremos que Marx, no segundo livro de *O capital*, considerava previsível essa evolução para a ampliação do capital fictício. O que para nós é essencial é que o capital fictício, prejudicando a acumulação produtiva do capital que era central no sistema capitalista, com capacidade inclusive de se apropriar das políticas públicas, apresenta dinâmicas estruturalmente diferentes quando se torna dominante. Temos um mundo de governos nacionais enfrentando dinheiro global. Gerou-se o caos financeiro, um cassino especulativo insustentável.

Outros drenos

A breve apresentação das formas de apropriação improdutiva do excedente social que aqui desenhamos pode ser expandida. Por exemplo, a manipulação de pessoas — que ainda chamamos inocentemente de marketing — transformou-se em um gigante econômico. Envolve análise detalhada e comercialização dos nossos comportamentos, canalização individualizada de mensagens comerciais e políticas por meio de algoritmos, que geram a força econômica da Alphabet, com quase dois trilhões de dólares (mais do que o PIB do Brasil), ou da Meta, acima de um trilhão de dólares. Como já dissemos, esse dreno financeiro atinge o bolso de cada um de nós, ao ser incorporado, pelas empresas que usam esses serviços, nos custos de produção do que compramos: usar o Facebook é gratuito, mas todos pagamos os seus custos e os seus lucros indiretamente, ao pagarmos qualquer produto. Custos reduzidíssimos, lucros desproporcionais. É rentismo de intermediação da comunicação, mas também poder — muito poder.[47]

[47] Uma leitura particularmente importante é o livro de Manuel Castells (2016), *O poder da comunicação*. Sobre a dimensão das grandes corporações da área, ver: ALI, Aran. "3 Companies Now Make up 50% of U.S. Ad Revenues", *Visual Capitalist*, 18 jul. 2021.

É igualmente importante estudar o dreno financeiro representado pela especulação imobiliária, tão bem apresentada no Brasil por Ermínia Maricato e Pedro Rossi.[48] Gigantescas fortunas são postas ao abrigo do fisco ao serem investidas em imóveis. As áreas nobres de Londres, por exemplo, têm inúmeras residências que pertencem a magnatas dos mais diversos países, esperando valorização.[49] A cidade de Vancouver, no Canadá, viu os custos de habitação explodirem sob pressão de capital chinês aplicado em imóveis, em geral não habitados, apenas reserva de valor que sobe à medida que a pressão demográfica aumenta. É enriquecimento que não acrescenta disponibilidade de habitações, mas gera apropriação especulativa. A compra de terras por grupos financeiros acarreta também encarecimento do seu uso para a agricultura.

O verbete na Wikipédia sugere o óbvio: "Um imposto sobre o valor da terra remove os incentivos financeiros para a posse de terra parada apenas para valorização, tornando

---

48 MARICATO, Ermínia & ROSSI, Pedro. "O novo ataque cerrado às cidades brasileiras", *Outras Palavras*, 27 set. 2021.

49 "Acres of Money Laundering: Why U.S. Real Estate is a Kleptocrat's Dream", *Global Financial Integrity*, 2 ago. 2021. Disponível em: https://gfintegrity.org/report/acres-of-money-laundering-why-u-s-real-estate-is-a-kleptocrats-dream/.

mais terra disponível para usos produtivos".[50] No Brasil, o Imposto Territorial Rural (ITR) simplesmente não é cobrado. O rentismo paralisa recursos que poderiam ser produtivos.

Outro dreno financeiro igualmente importante hoje são os direitos sobre as mais variadas tecnologias e o conhecimento científico, por meio de patentes, copyrights e royalties. Estudamos essa dimensão no artigo "Da propriedade intelectual à economia do conhecimento" (Dowbor & Silva, 2014), e Mariana Mazzucato (2014) apresenta uma excelente sistematização desse mecanismo no já citado *O Estado empreendedor*. Hoje se generalizou a compreensão de que o sistema de patentes, longe de recompensar a inovação, tornou-se um entrave: assegurar um monopólio de vinte anos sobre uma ideia podia ser realista há um século, mas, com o ritmo de hoje, como se constata no escândalo das patentes sobre vacinas contra a covid-19, gera latifúndios tecnológicos. Travar o acesso ao conhecimento científico quando este se tornou o principal fator de progresso econômico e social é profundamente contraproducente. Criou-se um autêntico capitalismo de pedágio.

Insuficiente atenção tem sido dada à autêntica farra financeira que constitui um procedimento legal, resultan-

---

[50] "Real-Estate Bubble", Wikipédia, s.d. Disponível em: https://en.wikipedia.org/wiki/Real-estate_bubble.

te do acordo de Bretton Woods, que tornou o dólar a moeda de reserva mundial. Isso permitiu aos Estados Unidos emitirem, durante mais de setenta anos, dólares que se tornam reservas nos bancos centrais de todo o planeta: os estadunidenses podem emitir moeda, comprar ativos, empresas ou terras em diversas partes do mundo, pagando com os dólares que emitem. O país é o único que pode emitir dinheiro sem gerar inflação, pois o dinheiro circula no exterior. No final dos anos 1960, Charles De Gaulle, então presidente da França, caracterizou o processo com a frase: "Nós os pagamos para que nos comprem", ao constatar como os estadunidenses adquiriam empresas francesas com os dólares que emitiam. A pressão levou os Estados Unidos a romper com o acordo, desvinculando o dólar das garantias em ouro. Hoje o processo continua com o *Quantitative Easing*, com a facilidade do dinheiro virtual. As sucessivas guerras dos Estados Unidos foram essencialmente financiadas com emissões de dólares, e o processo continua a desequilibrar o sistema internacional. Não à toa, há por toda parte tentativas de abandonar o dólar para as transações internacionais. É um pedágio mundial.[51]

[51] O mecanismo foi descrito no clássico *Le Défi américain* [O desafio americano], de 1967, traduzido ao inglês, em 1969, como

Não se trata de discussão semântica. Muito além da exploração salarial, temos de entender melhor os mecanismos atuais de apropriação do excedente social por meio do endividamento generalizado, do aumento extorsivo dos dividendos, de intermináveis patentes, da evasão fiscal, dos paraísos fiscais, da apropriação do capital natural do planeta, da microdrenagem de recursos por tarifas, das taxas sobre transferências internacionais, de cobranças sobre cartões de crédito, do rentismo dos monopólios, dos monopólios de demanda, da especulação imobiliária, do comércio de informações pessoais, da manipulação publicitária individualizada e de outros mecanismos que entendemos muito menos, e que somos individualmente incapazes de enfrentar. Um salário extorsivo pode levar a uma greve, paralisações e acordos com a empresa. Quem é extorquido por uma taxa elevada de juros vai se manifestar onde? Em frente a uma agência bancária? Uma parte importante do que você pagou no Uber vai para grupos financeiros nos Estados Unidos. Não é preciso fazer um cheque ou uma ordem de pagamento: é automático. O dinheiro imaterial é muito fluido

---

The American Challenge, de Jean Jacques Servan Schreiber, e hoje é amplamente discutido, embora insuficientemente divulgado.

e vaza por todos os lados. Quanto mais os intermediários privados drenam os nossos recursos, mais desviam a nossa atenção para os impostos. O Estado se tornou o grande bode expiatório, mas é só seguir o dinheiro para ver de quem se trata. A quem pertence o Estado, no Brasil, hoje?

É importante lembrar que o sistema financeiro mundial não gera os seus lucros apenas ganhando dinheiro com dinheiro (*pecunia pecuniam parit*, diziam os antigos). Exemplo prático: eu, em São Paulo, pago duzentos reais pelo dia de trabalho da minha faxineira. Ela tem problemas de saúde e, com a fragilização do SUS pelo governo, passou a pagar um plano privado. No caso, o grupo financeiro que controla esse plano de saúde tem a BlackRock como acionista. Ou seja, parte do dinheiro que pago para a minha faxineira vai contribuir para os acionistas da BlackRock em alguma parte do planeta. São formas muito diversificadas de microdrenagem de dinheiro que penalizam bilhões de pessoas. Alguém tem de pagar pelos gigantescos lucros da indústria de gestão de ativos e outros agentes financeiros: as novas tecnologias permitem fazer funcionar uma teia de drenos que atinge a base da sociedade em qualquer lugar do mundo. Cada um de nós contribui com isso quando faz um pagamento com cartão ou pega um Uber. A desigualdade tem sólidas raízes e estamos todos nos debatendo na teia.

A transformação nas formas de exploração nos obriga a repensar e redirecionar nossas frentes de luta. Com a pandemia, por exemplo, tornou-se evidente o caráter explorador da grande indústria farmacêutica, e as pessoas passaram a se dar conta da importância de repensar o sistema de patentes. O pagamento quase nulo de impostos pelos bilionários improdutivos mostra a importância de se construir um sistema articulado de cobrança internacional. O travamento do acesso ao conhecimento científico por parte dos oligopólios revela a necessidade de expandir o Creative Commons, o Open Access e outros mecanismos colaborativos e gratuitos de comunicação científica. O endividamento generalizado das famílias, das empresas e dos Estados aponta para a necessidade de assegurar, por meio de finanças públicas e de finanças de proximidade, que os recursos sejam direcionados para o desenvolvimento sustentável. O peso da indústria de gestão de fortunas (*asset management industry*) e de ativos financeiros em geral — BlackRock e semelhantes — precisa ser drasticamente reduzido: o dinheiro não é deles, são gestores de capital improdutivo.

A lógica geral propositiva é que, quando os mecanismos de apropriação do excedente social se deslocam, mudam também as frentes de luta para que os recursos — que são da sociedade, e não dos intermediários — voltem a servir à sociedade. Em outros tempos, a luta era por socializar os meios de produção, as fábricas. Hoje, o próprio poder sobre as fábricas se deslocou: o desafio principal está nos gestores improdutivos que se apropriaram do conjunto, inclusive de boa parte do sistema público, como no caso do Banco Central brasileiro. A "autonomia" do Banco Central faz parte disso: passa do controle do governo para o controle dos próprios bancos.

Um desafio particularmente complexo é que a drenagem dos recursos econômicos da sociedade, pelos intermediários dos mais diversos tipos, afeta também a base política das transformações. As grandes plataformas de comunicação, os sistemas on-line de serviços financeiros e, inclusive, o sistema de exportação primária atual geram pouquíssimos empregos. Conforme vimos, estamos na era da uberização, do telemarketing, dos empregos precários e da massa de trabalhadores subutilizados, porque os sistemas de pedágio econômico que passaram a predominar simplesmente não precisam de muitos trabalhadores.

> O que há de novidade no mundo do trabalho no Brasil é justamente a plataformização, que joga uma pá de cal no processo histórico

de flexibilização e precarização do trabalho, agora em parceria com financeirização, dataficação e racionalidade neoliberal.[52]

A força social de transformação que os trabalhadores formais das grandes empresas representavam diminuiu em número, ficou mais fragmentada em segmentos especializados, é frequentemente manejada a distância por algoritmos, e os sindicatos e diversas formas de representação se fragilizaram. O precariado nos proporciona um outro conceito de luta de classes.

E a revolução digital, que caracteriza os novos tempos, nos leva a pensar no potencial de uma mudança cultural profunda na sociedade, deslocando o eixo principal de relações sociais baseado na competição para uma sociedade centrada na colaboração. Não se trata aqui de um sonho humanista, e sim do fato de que, numa sociedade em que o principal fator de produção é o conhecimento, os processos colaborativos são simplesmente muito mais produtivos do que a competição. Robin Ahnel (2005, p. 254) resume: "Campanhas que já estão em curso podem começar com a transição da economia da competição e da ganância para a economia de cooperação

[52] GROHMANN, Rafael. "Para vencer a distopia da exploração digital", *Outras Palavras*, 23 ago. 2021.

equitativa".[53] Grohmann apresenta as numerosas iniciativas de resgate do potencial da conectividade para uma gestão colaborativa em rede: "As plataformas cooperativas podem ser de trabalhadores, consumidores ou multilaterais, o que mostra as múltiplas possibilidades nos seus desenhos institucionais".[54] São novas frentes de luta, muito além do nível da remuneração salarial. O processo tecnológico não vai se reverter: precisa ter o seu sentido político revertido para que sirva à sociedade, e não às próprias plataformas.

Essa transformação tem sólida base: quando o principal fator de produção é o conhecimento, que com a conectividade on-line pode ser replicado ao infinito sem custos adicionais para quem o produziu, podemos generalizar o acesso, remunerando apenas os custos iniciais da sua geração e multiplicando os benefícios por milhões de utilizadores. Na China, no quadro do China Open Resources for Education (CORE), um inovador recebe um bônus da instituição e a descoberta é repassada para toda a rede de universidades e de centros de pesquisa; assim, ninguém fica reinventando a roda, todos trabalham na crista da inovação. Gera-se um ambiente colaborativo sistemica-

---

[53] Outra importante leitura é o livro de Paul Mason (2017).
[54] GROHMANN, *op. cit.*

mente inovador. Wikipédia, Open Access, Creative Commons, OpenCourseWare do Massachusetts Institute of Technology (MIT) e tantas outras experiências apresentadas no livro *Wikinomics* (Tapscott & Williams, 2007) apontam para um caminho muito mais equilibrado e produtivo.[55]

O processo de construção interativa e colaborativa de conhecimento em rede é mais justo, pois permite reduzir o impacto de atravessadores que travam o acesso a um conhecimento que poderia multiplicar a produtividade de outros agentes. Gar Alperovitz e Lew Daly (2010) trazem uma excelente análise no livro *Apropriação indébita*, mostrando, por exemplo, que, se não fossem os avanços sobre a tecnologia do transistor e do microprocessador desenvolvidos por outras pessoas, Bill Gates estaria até hoje na sua garagem brincando com tubos catódicos. Pagamos fortunas por um produto para o qual a sua empresa contribuiu muito pouco, aproveitando conhecimentos desenvolvidos por outras instituições e centros de pesquisa, e destruindo competidores. Hoje somos forçados a utilizar o Word, como já disse, simplesmente porque temos de utilizar o que os outros usam. Não há mercado nem competição, apenas monopólio de demanda e rentismo. Até quando pagaremos esse pedágio?

---

[55] Um clássico da área é Manuel Castells (2003), com seus estudos sobre a sociedade em rede.

O conhecimento é uma construção social e o seu retorno deve ser destinado à sociedade. O objetivo não é controlar o conhecimento, mas libertá-lo dos atravessadores.

A conectividade planetária permite muito mais gestão horizontal em rede, em vez das gigantescas pirâmides de poder verticalizado. A riqueza do planeta, fruto dos avanços científicos e do desenvolvimento da capacidade produtiva, atingiu um nível que hoje permite que todos vivam de maneira digna e confortável, bastando para isso uma redistribuição moderada de riqueza, e em particular o controle do dreno financeiro que beneficia agentes econômicos improdutivos. A guerra de todos contra todos, o *homo homini lupus* [o homem é o lobo do homem], com as tecnologias modernas de guerra, de sabotagem cibernética, de manipulação biológica, das técnicas de vigilância, nos apresenta um horizonte destrutivo. Somos todos tripulantes da Terra, mas há os que preferem ser passageiros de luxo, ou comandantes, e estão destruindo a própria nave.

A exploração por meio de salários baixos, a tradicional mais-valia extraída dos trabalhadores, continua sem dúvida presente. Mas a apropriação do excedente social se ampliou muito por parte de atravessadores de diversos tipos, que cobram pedágio sobre quase todas as nossas atividades, quer contribuam produtivamente ou não. Não há dúvidas quanto ao poder — financeiro, midiático, militar e até de controle das pessoas pelos algoritmos individualmente direcionados — dos gigantes corporativos. Mas é também fato que, além de serem improdutivos, eles destroem a base natural da nossa sobrevivência, nos jogam numa situação de desigualdade explosiva e obrigam a massa da população a recorrer a atividades humilhantes para sobreviver no setor informal — isso quando a riqueza acumulada, os conhecimentos científicos e as tecnologias modernas permitem que o mundo se desenvolva de maneira sustentável e equilibrada.

Em particular, não há nenhuma razão econômica para tanta destruição, violência e sofrimento. Uma conta simples ajuda: os noventa trilhões de dólares que representam o PIB planetário, divididos pela população mundial de oito bilhões de pessoas, equivalem a vinte mil reais por mês por família de quatro pessoas. Considerando apenas o Brasil, o equivalente é treze mil reais por mês. Basta uma moderada redução das desigualdades e, com o que produzimos hoje, poderíamos assegurar a todos uma vida digna e confortável, além de financiar medidas para parar de destruir o planeta.[56]

---

[56] O PIB é uma cifra tecnicamente frágil, mas é a referência mais utilizada, e suficiente para mostrar que o problema central não é a falta de recursos, mas a sua má distribuição e alocação. Para deta-

A catástrofe em câmara lenta que vivemos não é inevitável. Como dissemos, não se trata de "leis" econômicas, são escolhas. Thomas Piketty (2021, p. 20) deixa isso claro:

> A desigualdade é antes de tudo uma construção social, histórica e política. Dito de outra forma, para o mesmo nível de desenvolvimento econômico ou tecnológico, existem sempre múltiplas formas de organizar um sistema de propriedade ou um regime de fronteira, um sistema social e político, um regime fiscal e educativo. Essas escolhas são de natureza política.

Como escreveu Martin Wolf, economista chefe do jornal britânico *Financial Times*, esse sistema perdeu a legitimidade. É um gigante financeiro, mas com pés de barro por travar o desenvolvimento. Cabe a nós batalhar por uma sociedade que faça sentido, olhando o potencial colaborativo que se abre com a revolução digital. Construir o futuro é mais promissor do que tentar consertar o passado. A história da humanidade tem sido dominada

---

lhes, ver: DOWBOR, Ladislau. "Além do PIB: medir o que importa e de forma compreensível", *Dowbor.Org*, 3 fev. 2021. Disponível em: https://dowbor.org/2021/02/o-debate-sobre-o-pib-estamos-fazendo-a-conta-errada-abr-2.html. O *Stiglitz Report* traz uma avaliação técnica mais avançada (Stiglitz, Sen & Fitoussi, 2009).

por minorias que se apropriam do excedente social e que criam sucessivas narrativas ou contos de fadas para justificar a exploração. E para os que não acreditam em contos de fadas, naturalmente, há o porrete. Os mecanismos de exploração, as narrativas manipuladoras e o porrete continuam ativos. É tempo de nos civilizarmos.

3 A subutilização dos potenciais existentes[57]

O capitalismo financeiro é eficiente em extrair recursos, mas deixou de ser um eficiente organizador dos processos produtivos. Pode ser eficiente no nível interno de organização de uma empresa, no sentido de maximização do retorno financeiro, porém a sua ineficiência sistêmica é simplesmente impressionante. Keynes, nos anos 1930, já se espantava com tanta gente parada, sendo que havia tanta coisa por fazer. Hoje essa compreensão é ainda mais atual, pois insistimos em ficar aguardando que os mercados "resolvam", reduzindo impostos e eliminando mecanismos de regulação, enquanto fechamos os olhos para os desastres ambientais e a desigualdade explosiva que provocam. É um contrassenso. A inclusão produtiva deve ser organizada, aproveitando-se todos os recursos: tanto os mecanismos

[57] O presente capítulo é baseado em DOWBOR, Ladislau. "A subutilização de fatores de produção", *Economistas — Revista do Conselho Federal de Economia — Cofecon*, v. 11, n. 37, p. 23-9, jul.-set. 2020.

de mercado quanto o planejamento e a regulação públicos e os sistemas participativos da sociedade civil.

Um enfoque muito útil, trabalhado em particular por Ignacy Sachs, consiste em inventariar os recursos subutilizados, o potencial desperdiçado ou mal aproveitado de um país. Isso permite ter uma visão de conjunto, uma compreensão das peças que precisam ser articuladas.

A subutilização de fatores de produção no Brasil é um tema que envolve tanto a economia como a política, e tem tudo a ver com a dimensão estrutural dos nossos dramas. É uma visão prática. Qualquer pessoa que já administrou uma empresa, um projeto, um território, ao ver pessoas paradas, máquinas paradas, terra subutilizada, capital sem utilidade, pensa em como articular o conjunto. É uma questão de organização, não de esperar a fada da "confiança".

A subutilização da mão de obra

Voltemos aos números que vimos anteriormente, com mais detalhe. Neste país de 214 milhões de habitantes, o emprego formal privado, com carteira assinada, se resume a 41,3 milhões de pessoas. Somando 11,9 milhões de funcionários públicos, são 53,2 milhões, apenas 50% da força de trabalho de 106 milhões. A subutilização da força de trabalho constitui uma dimensão particularmente gritante da nossa fragilidade econômica, pois se trata, para além do drama social, de uma enorme insensatez econômica. A *Síntese de indicadores sociais 2019* do IBGE traz uma seção sobre essa questão.[58]

Como ordem de grandeza, temos quarenta milhões de pessoas no setor informal. Segundo o IBGE, a renda desses trabalhadores é a metade da renda auferida pelo trabalhador formal. São pessoas que essencialmente "se viram". Ser "empreendedor individual" sem dúvida frequentemente assegura uma aparência mais digna à subutilização, mas vemos na própria uberização e nas terceirizações irresponsáveis o que isso pode significar. E temos quinze milhões de pessoas formalmente desempregadas. Somando os quarenta milhões do setor informal e os quinze milhões de desempregados, são 55 milhões, a metade da força de trabalho. A esse contingente precisamos acrescentar o imenso desalento, pessoas que estão em idade de trabalho, porém desistiram de

---

[58] Trabalhamos aqui com ordens de grandeza. Detalhes mais recentes de variações não alteram a situação estrutural. Ver, por exemplo: NITAHARA, Akemi. "IBGE: aumenta emprego formal e informal, mas cai rendimento médio", *Agência Brasil*, 27 out. 2021.

procurar emprego, e ainda as pessoas classificadas como empregadas, mas que trabalham apenas algumas horas.

No conjunto, a subutilização da força de trabalho num país onde há tantas coisas por fazer é absolutamente chocante. Em cada um dos 5.570 municípios do país temos, por exemplo, pessoas desempregadas e terra parada. Não é complicado pensar que se possa organizar um cinturão verde hortifrutigranjeiro em torno de cada cidade, simplesmente articulando os fatores de produção parados. Em Santos, no tempo do prefeito David Capistrano, acompanhei o projeto em que os desempregados da cidade foram cadastrados e organizados na Operação Praia Limpa, que permitiu realizar obras de saneamento, tirando os esgotos dos canais pluviais, o que recuperou a balneabilidade das praias e, em consequência, o turismo, a atividade hoteleira e semelhantes, transformando uma operação temporária em empregos permanentes. O prefeito não ficou esperando "os mercados": gerou a base da sua dinamização. Exemplos não faltam. Planejamento econômico e social consiste em boa parte em articular fatores subutilizados.

Um argumento ideológico vergonhoso sempre buscou justificar a desigualdade pela falta de iniciativa dos pobres. Mas as pessoas não precisam que lhes ensinem disposição para trabalhar, precisam de oportunidades.

Isso envolve planejamento e iniciativas públicas, em vez de discursos ideológicos.

A subutilização da terra

O Censo Agropecuário de 2017 nos dá outra dimensão da subutilização dos fatores. O Brasil é imenso. Os 8,5 milhões de quilômetros quadrados de território correspondem a 850 milhões de hectares. Segundo o censo, 353 milhões de hectares constituem estabelecimentos agrícolas. Nesses, 225 milhões de hectares constituem terra agricultável, portanto disponível para atividades produtivas, tanto pela qualidade do solo como pela disponibilidade de água. O que choca é que, somando a lavoura permanente e temporária, o uso produtivo no sentido pleno ocupa 63 milhões de hectares.[59] Arredondando, temos 160 milhões de hectares de solo agrícola parado ou subutilizado. Essa área representa cinco vezes o território da Itália. Precisamos desmatar a Amazônia? Precisamos avançar sobre território indígena? Quem conhece a Euro-

---

[59] Ver dados resumidos do Censo Agropecuário de 2017, disponíveis em: https://censoagro2017.ibge.gov.br/templates/censo_agro/resultadosagro/index.html.

pa ou a China, onde a intensidade do uso do solo é muito elevada, e viaja pelo interior do Brasil fica espantado com as gigantescas áreas de terra parada ou subutilizada.

Grande parte dessa terra parada ou subutilizada é ocupada pela pecuária extensiva. O limite entre terra produtiva e improdutiva gerou um amplo debate devido à pressão secular pela reforma agrária no país. Usar imensas regiões com quase um hectare por cabeça de gado gera sem dúvida fortunas para os conglomerados agroexportadores de carne; mas, para quem conhece formas modernas de criação de gado semiconfinado, com as unidades de pecuária plantando forragem, o desperdício é evidente. Numa imensa parte do Brasil, o solo constitui apenas base para um rentismo improdutivo. A pecuária extensiva gera pouquíssimo emprego, poucos impostos e está articulada com os grandes traders internacionais de commodities. A revista *The Economist* lembra que, no hectare ocupado por um único boi no Brasil, poderiam ser produzidas cinco toneladas de milho ou 28 toneladas de batata.[60] Não à toa a JBS, sob controle da J&F Investimentos, se tornou o gigante que é. O Movimento dos

---

[60] "Can Brazil help with food shortages around the world?", *The Economist*, 30 abr. 2022.

Trabalhadores Rurais Sem Terra (MST) utiliza a terra de forma incomparavelmente mais produtiva e sustentável.

Um resgate do Imposto Territorial Rural (ITR), que no Brasil constitui uma ficção, permitiria sem dúvida estimular a produtividade: como na Europa e em outras regiões, o fato de pagarem impostos sobre terra parada estimula os proprietários a utilizá-la de maneira mais produtiva, ou cedê-la para quem produz. Em particular, é preciso tributar o rentismo por meio do qual terras se valorizam com a simples expansão de infraestruturas e da urbanização. Em Imperatriz (MA), por exemplo, mais de 80% dos produtos nas gôndolas dos supermercados vêm de São Paulo, enquanto em volta da cidade dormem imensas extensões de terra parada, que se valoriza passivamente com a expansão urbana. Estamos esperando que "os mercados" resolvam?

A subutilização do capital

Tão gritante quanto a subutilização da força de trabalho e da terra no Brasil é a subutilização do capital, que se transforma em patrimônio familiar e aplicações financeiras em vez de investimentos produtivos. Isso trava o desenvolvimento de infraestruturas, a produção de bens e serviços e o emprego. No Brasil, são raros os que fazem a distinção tão essencial entre *aplicação financeira* e *investimento produtivo*. Em francês, a diferença entre *placements financiers* e *investissements* é bastante clara. A revista *The Economist*, por falta de conceito de aplicação financeira, distingue *speculative investments* e *productive investments*. Mariana Mazzucato utiliza *financial investments* para caracterizar a diferença. O fato é que, no Brasil, o que os bancos chamam de investimento constitui uma imensa esterilização dos nossos recursos. Especuladores gostam de se chamar de "investidores".

Os 315 bilionários brasileiros apresentados na edição especial da *Forbes* são essencialmente donos de holdings, acionistas, controladores de fundos de investimentos, donos de cotas acionárias e, naturalmente, banqueiros ou acionistas de bancos. Grande parte deles simplesmente é composta de herdeiros. A intermediação financeira, como vimos, transformou-se entre nós em autêntica extorsão.

Um dos principais mecanismos são as taxas usurárias de juros, com valores mensais equivalentes ao que no resto do mundo se cobra ao ano. Exemplos de custo efetivo total de crédito apresentados pela Associação Nacional de Executivos de Finanças, Administração e Contábeis (Anefac) incluem, para pessoa física, em março de 2022, 84% em média no crediário comercial; 361%

no cartão de crédito; 147% no cheque especial; 58% no empréstimo pessoal nos bancos. A título de comparação, os juros sobre cartão de crédito no Canadá eram 22% ao ano, reduzidos por ordem do governo para 11% com a pandemia. Nas financeiras, onde muita gente no andar de baixo vai buscar dinheiro de emergência, o crédito pessoal atinge 120%. Na Europa, a taxa se situa na faixa de 5% ao ano.

Para pessoas jurídicas, a média do custo efetivo total do crédito é de 54%. Todas essas taxas estão aproximadamente no mesmo nível desde 2013, independentemente das variações da taxa básica de juros, a Selic.[61] Os imensos lucros financeiros criaram uma força política que soube travar as tentativas da ex-presidente Dilma Rousseff de reduzir as taxas de juros em 2013, com o custo político que conhecemos. Com Joaquim Levy como ministro da Fazenda, os juros voltaram a crescer, e a agiotagem se mantém até hoje. O resultado é que duas forças essenciais de propulsão da economia — a demanda das famílias e o investimento das empresas — se viram drasticamente reduzidas ainda antes da pandemia, que apenas agravou

---

[61] "Pesquisa de juros", Anefac, dez. 2021. Disponível em: https://www.anefac.org/_files/ugd/bed087_b05a0d5eff1d4300997aff1bb4642296.pdf.

a extração improdutiva. O último ano de crescimento significativo da economia brasileira foi 2013, com 3%. Com a ofensiva contra a fase desenvolvimentista e distributiva em 2013 e 2014, a guerra da Lava Jato e o caos pré e pós-eleitoral, a economia brasileira está no nono ano de paralisia.[62] O dreno dos recursos pelos grupos financeiros desarticulou a economia e a mantém inerte.

Em termos de teoria econômica, o conceito de financeirização se tornou essencial. Os trabalhos de Thomas Piketty, Joseph Stiglitz, Marjorie Kelly, Ann Pettifor, Ellen Brown, Hazel Henderson e tantos outros permitiram uma reviravolta depois de quarenta anos de dominância do discurso neoliberal. A base é simples: a produção de bens

---

[62] O ano de 2014 pode ser considerado o ano de ruptura, de transição para a fase de austeridade a partir de 2015, com a paralisia consequente da economia. Dilma é tirada formalmente do poder em 2016, mas o deslocamento da fase distributiva para a fase da chamada austeridade se dá antes. Não há crescimento econômico significativo a partir da "Ponte para o futuro" de Michel Temer e da política de "austeridade". A pandemia apenas agravou uma paralisia econômica já estabelecida. Dizer que Dilma quebrou a economia e que as forças que a destituíram do cargo vieram consertá-la é uma cômoda transferência de responsabilidades. As políticas distributivas funcionam e têm de ser retomadas.

e serviços, o PIB no mundo, aumenta em cerca de 2% a 2,5% ao ano. Os rendimentos de aplicações financeiras em volumes elevados se situam entre 7% e 9%. Entre juros e dividendos, ganhar dinheiro, o grande dinheiro, se divorciou muito dos processos produtivos. O capital vai aonde rende mais. O mecanismo básico de apropriação do excedente social se deslocou: como já dissemos e repetimos, para explorar um assalariado, o empresário precisa pelo menos criar um posto de trabalho. Hoje, o endividamento das famílias é generalizado, as tarifas absurdas nos cartões atingem a todos. E os dividendos elevados nas empresas produtivas tornam a expansão produtiva pouco viável.

O empresário efetivamente produtivo não precisa de "confiança" ou de discurso ideológico, precisa de famílias com capacidade de compra, para ter a quem vender, e de juros baratos para poder financiar a produção. No Brasil, ele não tem nem uma coisa nem outra. Depois de tantos anos de "Ponte para o futuro"[63] em diversos formatos, as empresas estão trabalhando com 30% de capacidade ociosa. David Harvey tem razão: o que era

---

[63] Referência à "proposta de governo" apresentada pelo PMDB, atual MDB, partido do vice-presidente Michel Temer, em 29 de outubro de 2015, antes da abertura do processo de impeachment de Dilma Rousseff. [N.E.]

capital — portanto, dinheiro inserido no processo de acumulação produtiva do capital — hoje é essencialmente patrimônio. Entre 2020 e 2021, os 315 bilionários brasileiros aumentaram os seus patrimônios em setecentos bilhões de reais, um crescimento da ordem de 50% numa economia parada. Já no início da pandemia, nos quatro meses entre março e julho de 2020, o grupo mais restrito de 42 bilionários em dólares tinha aumentado as suas fortunas em 180 bilhões de reais: em quatro meses, em plena pandemia, eles enriqueceram o equivalente a seis anos de Bolsa Família para 42 milhões de pessoas.[64] Como já vimos, desde 1995 esse tipo de ganho é isento de impostos (lucros e dividendos distribuídos) no Brasil. E lembremos de que se trata essencialmente de atividades improdutivas.

A dinâmica econômica da China ou da Coreia do Sul, por exemplo, não constitui um milagre; tratou-se simplesmente de assegurar a orientação dos recursos financeiros para atividades produtivas. Um relatório da ONU resume a questão: "A prosperidade para todos não pode

---

[64] "315 bilionários brasileiros", *Forbes*, ano VIII, n. 89, 2021. Ver também dados da Oxfam: "Bilionários da América Latina aumentaram fortuna em 48,2 bilhões de dólares durante a pandemia", Oxfam Brasil, 27 jul. 2020.

ser assegurada por políticos com visão de austeridade, corporações centradas no rentismo e banqueiros especulativos. O que necessitamos urgentemente agora é de um novo pacto global" (UNCTAD, 2017, p. II). O dinheiro tem de voltar a ser útil.

A subutilização do potencial científico-tecnológico

Hoje, o principal fator de produção é o conhecimento. O que está se formando é muito mais do que uma "indústria 4.0". A mudança é sísmica. Adotamos aqui a mesma visão expressa pelo jornal britânico *The Guardian:* "A tecnologia tem um potencial tão grande que a expectativa geral é que o seu impacto seja tão profundo quanto o da Revolução Industrial".[65] Não é só o dinheiro que se desmaterializou, simples sinais magnéticos registrados em computadores; é o conjunto da economia que desloca as suas formas de organização para o que André Gorz (2005) chamou de "o imaterial". Não é mais a General Motors e semelhantes que dominam o jogo, são os sistemas de

---

[65] SAMPLE, Ian. "Scientists plan huge European AI hub to compete with U.S.", *The Guardian*, 23 abr. 2018.

controle das finanças e das tecnologias, o GAFAM (Google, Apple, Facebook, Amazon e Microsoft) nos Estados Unidos, o BAT (Baidu, Alibaba e Tencent) na China, os SIFIS (*Systemically Important Financial Institutions*, ou instituições financeiras de importância sistêmica). Como se demonstrou ao longo deste livro, no centro da economia não está mais a fábrica, estão as plataformas, os gestores de fortunas, os controladores da comunicação e da informação pessoal.[66]

É impressionante o recuo do Brasil com a submissão aos Estados Unidos no caso da tecnologia 5G, a desestruturação da capacidade de pesquisa da Petrobras, o fechamento do programa de formação de cientistas no exterior, o travamento das bolsas de pesquisa e de pós-graduação, a venda mal abortada da Embraer, a transformação do país em mero comprador de patentes: o recuo nessa área terá impactos avassaladores sobre o futuro do país. Temos mais de um terço da população sem acesso à internet numa era em que ficar de fora do sistema digital significa isolamento social e desconexão com as dinâmicas econômicas. Ainda temos universidades onde os alunos tiram xerox de capítulos acumulados nas pastas

---

[66] Detalhamos essas transformações e a gestação de um novo modo de produção digital em *O capitalismo se desloca* (Dowbor, 2020a).

de professores. Ainda bloqueamos o acesso a textos científicos quando o Massachusetts Institute of Technology (MIT) os disponibiliza na plataforma OpenCourseWare (OCW) e a China, no já citado sistema CORE. O Japão há décadas possui sistemas on-line de apoio tecnológico para pequenos produtores, inclusive de agricultura familiar. A Finlândia há cinquenta anos lançou o programa de generalização de elevação científico-tecnológica do país, com programas educacionais públicos, gratuitos e universais. No Brasil, ainda se discute a privatização de universidades e a distribuição de vouchers, proposta dos tempos de Ronald Reagan nos Estados Unidos. A subutilização da imensa capacidade criativa da população, ao se travarem as oportunidades para a grande maioria, constitui um crime contra as gerações futuras e demonstra uma profunda ignorância daqueles que Jessé Souza (2019) chamou adequadamente de "a elite do atraso".

A subutilização das políticas públicas

Celso Furtado tinha uma ideia clara da importância do Estado e do planejamento. No nosso caso, em nome de ideologias ultrapassadas, estamos paralisando o país e comprometendo o seu futuro. A ideia de "Estado mínimo" é simplesmente burra. Há coisas que a empresa privada faz melhor, como produzir tomate, bicicleta ou automóvel. Entregar para grupos privados serviços básicos como saúde, educação, cultura, segurança e outras políticas sociais leva a perdas radicais de eficiência. O maior setor econômico dos Estados Unidos é hoje a saúde, cerca de 20% do PIB. O custo dos serviços estadunidenses de saúde, em grande parte privatizados, é de 10,4 mil dólares por pessoa por ano. No Canadá, onde os serviços de saúde são públicos, gratuitos e de acesso universal, o custo é de 4,4 mil dólares. O Canadá está entre os primeiros em termos de qualidade de saúde da população, no conjunto dos países da Organização para a Cooperação e o Desenvolvimento Econômico (OCDE), enquanto os Estados Unidos estão entre os últimos.

Mariana Mazzucato, em *O Estado empreendedor* e no mais recente *O valor de tudo*, traz com força a importância do papel do Estado na promoção de políticas públicas. Não se trata do tamanho do Estado, e sim dos efeitos multiplicadores, em termos de produtividade sistêmica do país, que um Estado forte e orientado pelos interesses da nação pode assegurar.

No nosso caso, com a apropriação de funções-chave do Estado por grupos privados, e a liquidação da regulação financeira, é o conjunto das atividades do país que é prejudicado, atingindo inclusive muitas empresas produtivas que apoiaram os retrocessos políticos, acreditando no conto de fadas. Entramos na era da pandemia com seis anos acumulados de marasmo econômico e social. Resgatar o papel do Estado como indutor de desenvolvimento, descentralizar a gestão pública, resgatar a função do planejamento na articulação dos recursos subutilizados e, em particular, resgatar a regulação do sistema financeiro para que financie o que é necessário ao país são pontos de partida simplesmente necessários. É impressionante ler no editorial do *Financial Times* de 4 de abril de 2020, já durante o surto global de coronavírus, que "os governos terão que aceitar um papel mais ativo na economia, e devem ver os serviços públicos como investimentos, não como obrigações".[67] Enquanto isso, aqui no Brasil, economistas pré-históricos falam em Estado mínimo e qualificam os serviços públicos como "gastos".

No conjunto, a subutilização de fatores de produção no Brasil é impressionante e torna clara a dimensão central

[67] "Virus Lays Bare the Frailty of the Social Contract", *Financial Times*, 3 abr. 2020.

da paralisia econômica e social, que é a perda de produtividade sistêmica. São imensos recursos parados, ou drenados de forma improdutiva, enquanto o Estado, que é o principal articulador do conjunto, está imobilizado. As soluções residem na organização da sinergia: juntar a terra parada, o trabalho por fazer e as pessoas paradas, mobilizar finanças para assegurar o apoio científico e tecnológico e a compra de insumos correspondentes, assegurar renda que dinamize a demanda para a produção crescente — não há mistérios quanto às medidas a tomar. Em vez de bobagens como Estado mínimo, privatização, juros elevados, prioridade às exportações ou teto de gastos — medidas que enriquecem elites improdutivas —, trata-se de orientar os recursos para onde terão efeitos multiplicadores. O denominador comum dos países que funcionam, mesmo com sistemas políticos diferenciados, é o de orientar a economia para o bem-estar das pessoas, mobilizando para isso não só as empresas como o Estado e as organizações da sociedade civil.

4 Resumo de políticas: propostas

Esta quarta parte sistematiza as propostas para uma sociedade que funcione, objetivo que envolve tanto as dimensões econômicas quanto as de organização social e política, e em particular um deslocamento da própria base cultural do que chamamos de desenvolvimento.

Agrupamos as propostas em quatro eixos: I) a inclusão produtiva, focando em particular o nosso principal dilema, a desigualdade; II) os mecanismos financeiros, focando as medidas necessárias para que os recursos sirvam ao desenvolvimento equilibrado, e não apenas à maximização de fortunas privadas; III) a modernização da gestão, dos processos decisórios hoje inoperantes, no sentido da descentralização e da reapropriação pela base da sociedade, inclusive aproveitando as novas tecnologias e a conectividade em rede; e IV) o repensar da base política de sustento às novas dinâmicas de desenvolvimento inclusivo, em particular articulando as desigualdades de renda e de riqueza, mas também regionais, geracionais, raciais, de gênero, de sexualidade, buscando o resgate da dignidade humana para o conjunto da sociedade: trata-se da dimensão político-cultural das transformações que temos pela frente.[68]

I. Inclusão produtiva

A inclusão produtiva, como eixo estratégico, está diretamente ligada à imensa subutilização de fatores de produção que vimos anteriormente. Lamentar o déficit público quando se paralisou a fonte de recursos, que é a base produtiva do país, não faz sentido. Ao fragilizar o consumo da população, ao travar o acesso às políticas sociais, ao reduzir os investimentos em infraestruturas e ao aumentar o desemprego, o resultado é uma paralisia geral. As propostas aqui reunidas vão no sentido da dinamização da economia pela base, gerando um ciclo virtuoso de desenvolvimento: renda, políticas sociais, investimentos em infraestruturas e políticas públicas de emprego.

---

[68] Detalhamos propostas de reorientação do nosso desenvolvimento na edição ampliada do livro *O pão nosso de cada dia* (Dowbor, 2021).

ASSEGURAR RENDA NA BASE DA SOCIEDADE

Em dezembro de 2021 tínhamos 33 milhões de pessoas passando fome no Brasil — um crime. No total, são 125 milhões de brasileiros em situação de insegurança alimentar — ou seja, ora têm, ora não têm comida. Isso num país que produz alimentos para o exterior, simplesmente porque, com a Lei Kandir, que isenta exportações de impostos, e a valorização do dólar, exportar rende mais para os traders de commodities. Mas também faltam habitações — um déficit de cerca de seis milhões de unidades — e outros bens e serviços básicos, enquanto as empresas funcionam com uma capacidade ociosa entre 25% e 30%, simplesmente porque não há mercado, ou seja, pessoas com capacidade de compra. Essa compreensão é central para o desenho de uma estratégia de desenvolvimento, já que temos ao mesmo tempo necessidades não preenchidas e subutilização de capacidade.

Colocar recursos na base da sociedade, por meio de uma renda básica, da elevação do salário mínimo, da reconstrução da Previdência, da garantia de preços mínimos para o pequeno agricultor — sabemos bem como assegurar um fluxo maior de renda para a base da sociedade — resulta em bem-estar das famílias, dinamiza as empresas, amplia o emprego e não provoca inflação, como não provocou durante a fase de inclusão produtiva entre 2003 e 2013 no Brasil nem nas outras experiências distributivas, como o New Deal estadunidense ou o Estado de bem-estar de numerosos países.

Algumas coisas não podem faltar a ninguém: é um crime termos gente passando fome quando há comida, uma mãe não ter como pagar um medicamento para os filhos, pessoas vivendo na rua em condições sub-humanas. O Bolsa Família foi um imenso progresso, criou formas eficientes de organização e controle, mas não podemos continuar com essa situação, em que famílias ora não recebem, ora recebem seiscentos reais, como em 2020, ou cerca de trezentos reais, com diferenciações, ou ainda quatrocentos reais, segundo fluxos e refluxos políticos: o básico não pode faltar a ninguém, nunca, e a universalização do acesso a um mínimo é uma questão de bom senso econômico, mas também de sentimento de segurança e de tranquilidade essencial para a vida das famílias.

Temos os recursos financeiros, desenvolvemos todas as tecnologias necessárias de transferência e controle e sabemos que é politicamente correto e humanamente justo assegurar um fluxo estável e previsível de renda para a base da sociedade. Em particular, sabemos que, num país de imensos recursos subutilizados, dinamizar a economia pela demanda agregada é fundamental, e os recursos financeiros retornam com sobras. Sugerir que se as pessoas tiverem uma renda básica irão "se encostar" é um preconceito intolerável, inclusive desmentido pelos fatos. Trata-se de um piso (*floor*, em inglês, é mais explícito) que permite que as pessoas possam construir a própria vida.[69]

ASSEGURAR OS INVESTIMENTOS EM POLÍTICAS SOCIAIS

O bem-estar das pessoas não depende apenas de dinheiro no bolso. Em termos numéricos, como já dissemos, 60% do equilíbrio econômico das famílias está em poder pagar contas e compras, mas os outros 40% dependem do acesso a bens de consumo coletivo: precisamos de segurança, mas não se compram delegacias. Não se compram escolas, hospitais, parques necessários ao convívio urbano, rios limpos, ruas arborizadas e tantos serviços essenciais para uma vida digna. O teto de gastos e outras limitações de prestação de políticas sociais de acesso gra-

---

[69] Os trabalhos de Eduardo Suplicy (2018) são muito esclarecedores: mais do que de política de esquerda, trata-se de decência humana, além de bom senso econômico. Enquanto discutimos política, que as crianças comam. O estudo *Basic Income and the Left*, de Philippe Van Parijs (2018), sistematiza os argumentos.

tuito universal constituem um contrassenso econômico. Privatizações na área da saúde resultam na indústria da doença (basta ver os custos e a ineficiência dos planos privados de saúde); na educação, geram elitização e uma autêntica indústria do diploma; na segurança, produzem milícias, como vemos tanto no Brasil quanto nos Estados Unidos.

Em vez de discursos ideológicos sobre "Estado mínimo" e "redução de gastos", temos de resgatar a dimensão pública e de acesso universal a serviços que, afinal, são absolutamente essenciais, como saúde, educação, segurança e, evidentemente, a sustentabilidade ambiental. Com exceção dos Estados Unidos, os países desenvolvidos asseguram o acesso público, gratuito e universal a esses serviços simplesmente porque é incomparavelmente menos burocratizado e mais eficiente.

Para o Brasil, o resgate das políticas sociais através do Estado é particularmente importante, na medida em que o acesso público, gratuito e universal constitui uma poderosa ferramenta de redução das desigualdades — nosso principal entrave estrutural. E os impactos sistêmicos são imensos, pois uma população mais saudável, com níveis cada vez mais elevados de educação e conhecimentos científicos, com mais acesso à cultura, não apenas terá melhor qualidade de vida, como se tornará mais produtiva. Qualificar políticas sociais como "gastos" e determinar um teto — enquanto recursos transferidos para os grupos financeiros são qualificados como "lucros e dividendos" e isentos de impostos — é simplesmente absurdo em termos econômicos, ainda que compreensível em termos dos interesses das corporações financeiras que drenam o país. Políticas sociais constituem investimentos de primeira importância para o nosso futuro.[70]

---

[70] Carlos Luque *et al.* calculam que 82% do aumento da dívida resultam dos altos juros pagos aos grupos financeiros: "Os déficits primários desde 1995 são responsáveis pelos 18% restantes. O governo se endividou para pagar juros e a contrapartida do aumento da dívida desde 1995 são juros pagos aos detentores da dívida, nacionais e estrangeiros. É curioso que tanto foco tenha sido posto sobre o controle do gasto público e tão pouco em estabelecer juros a níveis mais razoáveis"; ver: LUQUE, Carlos *et al.* "Uso e abuso da taxa de juros", *op. cit.* É a farsa que levou ao "teto de gastos", ao desmonte da aposentadoria e dos direitos trabalhistas. A elevação dos juros sobre a dívida pública, quando não se trata de inflação de demanda, resulta numa apropriação escandalosa de recursos públicos. Como vimos, são entre 5% e 7% do PIB.

AMPLIAR INVESTIMENTOS EM INFRAESTRUTURAS

As políticas sociais de acesso público, gratuito e universal são essenciais para o bem-estar das famílias, que é o objetivo do desenvolvimento, mas também para todo o sistema produtivo: mão de obra saudável, bem formada, riqueza cultural, segurança e melhores equilíbrios sociais são fundamentais para um ambiente dinâmico de construção do país. Igualmente importantes são os investimentos em infraestrutura, que melhoram tanto o conforto das famílias — com ruas asfaltadas, sistemas públicos de transporte, internet, acesso à energia barata, sistemas de abastecimento de água e de tratamento de esgotos, por exemplo — quanto melhoram a produtividade das empresas. Nesse sentido, o uso de recursos públicos pode ser fortemente ampliado, pois, ao gerar produtividade mais elevada, assegura o retorno sobre o investimento. O essencial, naturalmente, é investir de maneira planejada de forma a assegurar a elevação da produtividade sistêmica da economia. Não é gasto, é investimento produtivo.

O papel do Estado é fundamental, como se constatou nos investimentos em infraestrutura tanto na Europa como na China, na Coreia do Sul e em outros países: redes integradas e articuladas de infraestrutura de transporte, comunicações, energia, água e saneamento asseguram economias externas para o conjunto das atividades produtivas. As opções guiadas apenas por interesses privados, como no caso dos transportes no Brasil, levaram a que o transporte das pessoas nas cidades seja em grande parte individual, que o transporte de carga ocorra essencialmente por estrada e caminhão, que o transporte interurbano de pessoas se dê por avião — em todos os casos, as opções menos eficientes, comparadas com o transporte público de massa, cabotagem e redes ferroviárias para carga e trens de grande velocidade para a mobilidade regional interurbana. Ou seja, com planejamento, há imensos ganhos a serem resgatados em termos de produtividade sistêmica.

Aqui, o Brasil tem tanto os recursos financeiros — investimentos que aumentam a produtividade voltam aos cofres públicos — como as capacidades técnicas, aliás fragilizadas pelos grupos corporativos que se apropriaram da política. E a reorganização da infraestrutura no país pode ser fonte de um conjunto de iniciativas intensivas em mão de obra. São políticas que geram ao mesmo tempo melhor produtividade sistêmica pela qualidade da infraestrutura, renda para as famílias pelos empregos gerados na construção da infraestrutura e dinamização da demanda agregada na base da sociedade.

POLÍTICAS PÚBLICAS DE EMPREGO

A imensa massa de recursos humanos subutilizados constitui um desafio e uma oportunidade: como sugeriu Celso Furtado, quando a produção de uma pessoa é zero, qualquer atividade é lucro. A já mencionada Operação Praia Limpa, organizada décadas atrás pelo então prefeito de Santos, David Capistrano, representa um exemplo que pode ser multiplicado em todo o país, segundo as circunstâncias: foi feito um cadastro dos desempregados e subempregados da cidade, e com recursos do município foram realizadas obras de saneamento básico e limpeza das praias, contaminadas pelos esgotos dos prédios, ilegalmente conectados com galerias pluviais. O resultado foi a geração de milhares de empregos, com financiamento da prefeitura. O impacto indireto foi o resgate da balneabilidade das praias, a dinamização do turismo e a geração de numerosos empregos permanentes na hotelaria, em restaurantes e outros serviços, por sua vez gerando recursos para o município. São recursos que se multiplicam.

Considerando as dimensões da subutilização da mão de obra no Brasil, inclusive com muitos técnicos com curso superior, ficar esperando que "os mercados" resolvam não faz o menor sentido, em particular quando se considera a penetração de novas tecnologias nos processos produtivos.

O governo de Joe Biden nos Estados Unidos está estudando a aplicação do Public Employment Program [Programa de emprego público], a Índia tem programas municipais de projetos públicos intensivos em mão de obra (National Rural Employment Guarantee Act, instituído em 2005) que garantem cem dias de emprego pago ao ano. Obras de saneamento básico, por exemplo, que costumam ser intensivas em mão de obra, geram economias na área da saúde que são da ordem de quatro vezes o custo do saneamento: são investimentos que geram emprego e multiplicam recursos.

Exemplos nacionais e internacionais não faltam. O drama do desemprego, da informalidade e da subutilização de recursos humanos, com todo o sofrimento que provoca, pode e precisa ser transformado em produtividade: não são gastos, são investimentos. Necessitamos de políticas públicas de emprego, com as formas de organização correspondentes, em particular iniciativas municipais, já que a mão de obra é local. Os 5.570 municípios do país podem se transformar em canteiros de obras, com infraestrutura, manutenção urbana, arborização e tantas iniciativas que elevam a produtividade sistêmica do território.[71]

---

[71] Ver em particular o relatório de pesquisa *Projeto Política Nacional de Apoio ao Desenvolvimento Local* (Instituto Cidadania, 2006).

E há inúmeras oportunidades de geração de emprego ao assegurar apoio de microcrédito e tecnologia para pequenos produtores, compras governamentais locais, garantia de preços, melhoria das infraestruturas de transporte e comunicações, generalização do acesso à internet e outros projetos que asseguram melhores condições de iniciativa empresarial, como se viu em tantos empreendimentos entre 2003 e 2013 — por exemplo, com o programa de microcrédito produtivo e orientado dos bancos públicos. Trata-se de liberar capacidades produtivas e potenciais imobilizados no quadro das absurdas políticas de "austeridade", que, em nome da responsabilidade fiscal, paralisaram o país.

———

Este primeiro eixo, que podemos resumir como de inclusão produtiva, segue a orientação geral de dinamização do conjunto da economia pela base, ampliando a demanda de bens e serviços de consumo individual; o acesso a bens e serviços de consumo coletivo como saúde, educação e segurança; os investimentos em infraestruturas que melhoram a produtividade geral; e aproveitando o imenso potencial subutilizado de mão de obra.

Tudo isso representa investimentos por parte do Estado, mas, ao dinamizar recursos parados, gera retorno. A demanda na base da sociedade estimula a produção e os investimentos empresariais. O acesso a bens públicos de consumo coletivo reduz os custos pelas economias de escala e de organização. Melhores infraestruturas reduzem os custos de produção de todos os setores. E o melhor aproveitamento da mão de obra generaliza tanto o bem-estar das famílias como a produtividade sistêmica. É um ganha-ganha.

II. Políticas de financiamento

A política de inclusão produtiva passa pelo uso inteligente do dinheiro, o que em economia chamamos de alocação racional de recursos. Vimos anteriormente que o Brasil não é um país pobre, e sim um país onde os recursos financeiros são desviados para atividades improdutivas, as riquezas naturais para exportação (sem pagar impostos), os bens públicos para grupos privados nacionais e internacionais: é a grande farra corporativa que caracteriza a política pós-2014. Repetindo, o que produzimos anualmente em bens e serviços, o PIB, que foi de 8,7 trilhões de reais em 2021 para uma população de 214 milhões de habitantes, representa cerca de treze mil reais por mês por família de quatro pessoas. Com uma carga tributária da ordem de

34% do PIB, o Estado dispõe de recursos suficientes para financiar as políticas necessárias. O problema central é a profunda deformação da incidência da carga tributária, a agiotagem generalizada no sistema de crédito e a política fiscal que privilegia grupos financeiros e intermediários que drenam a economia em vez de fomentá-la. As quatro principais mudanças necessárias se referem a política tributária, política de crédito, aproveitamento das exportações primárias e política fiscal. Ou seja, de onde vem o dinheiro, como é intermediado e em que é investido.

POLÍTICA TRIBUTÁRIA

A política tributária no Brasil é injusta, improdutiva e ineficiente. Os debates no Congresso sobre o assunto são intermináveis porque se trata de homens, brancos e ricos que organizam a cobrança e o uso dos impostos em proveito de si mesmos. O básico é que os países que funcionam usam os impostos para redistribuir recursos, equilibrando melhor a sociedade. No Brasil, a tributação é utilizada para concentrar ainda mais. Precisamos de tributação progressiva, não regressiva.

A metade dos nossos tributos vem de impostos indiretos, embutidos nos preços dos produtos que compramos. Como a massa da população gasta quase tudo o que ganha em compras, os pobres e remediados do país pagam proporcionalmente muito mais impostos que os ricos. Somos dos poucos países onde se vive tamanho absurdo. O imposto sobre a renda tem papel reduzido, quando deveria constituir uma ferramenta de redução das desigualdades: uma alíquota máxima de 27,5% faz com que eu, como professor, pague o mesmo que os miolionários. Desde 1995 os lucros e dividendos distribuídos são isentos de impostos, aprofundando as desigualdades.

Todos precisamos de serviços públicos, de políticas sociais, de infraestruturas, e os ricos que afirmam que "evasão fiscal não é roubo" gostam de ter os seus filhos estudando em universidades públicas, de viver com ruas asfaltadas. As obrigações devem ser equilibradas. O princípio ético de redução das injustiças é fundamental.

Neste país em que a desigualdade estrutural é o principal entrave ao desenvolvimento, devemos também pensar os impostos em termos de produtividade da própria tributação. Como dissemos, o Imposto Territorial Rural (ITR) praticamente não é cobrado, o que faz com que tenhamos imensas áreas de terra parada nas mãos de quem não a usa nem deixa que seja usada, esperando apenas a valorização de longo prazo que resulta da abertura de estradas, da pressão demográfica e de outros fatores. Cobrar imposto sobre a terra parada estimula os proprietários a trabalhá-la ou a cedê-la a quem a trabalhe.

O capital parado precisa de impostos para que seja estimulado a voltar a produzir. Isso vale igualmente para o imposto sobre lucros e dividendos, esse absurdo que gera um universo de aplicações financeiras improdutivas. Vale também para a Lei Kandir, que isenta de impostos a produção destinada à exportação. O slogan propagandístico da época em que foi aprovada, 1996, era "exportar é o que importa". Hoje, o único setor produtivo que funciona no Brasil é o de exportação primária, gerando um neocolonialismo tecnologicamente avançado, porém desastroso para o país: cria poucos empregos, mas muitos danos ambientais, e descapitaliza o país em vez de usar os recursos naturais para financiar o desenvolvimento industrial. O resultado do sistema é generalização de fortunas financeiras improdutivas, em particular internacionais, bem como prejuízos ambientais e reprimarização da economia.[72]

---

[72] Conforme vimos, também acarreta uma fome catastrófica. O Brasil — que, por exemplo, com onze milhões de toneladas, produz arroz suficiente para toda a população — privilegia a exportação em plena subida de preços de alimentos e explosão da fome: "Segundo a gerente de Exportações da Abiarroz, Carolina Telles Matos, o aumento da demanda mundial pelo cereal e a in-

Uma terceira deformação do sistema tributário consiste na extrema concentração dos recursos em Brasília, com acesso muito limitado por parte dos governos estaduais e, em particular, dos 5.570 municípios do país. Com 87% de população urbana, praticamente todos os municípios do país têm hoje núcleos urbanos que permitem uma descentralização efetiva de acesso aos recursos, para o uso diferenciado em função das realidades locais. Os poderes locais na Suécia, por exemplo, administram cerca de 70% dos recursos públicos. No Brasil, estamos no nível de menos de 20%, com prefeitos viajando para Brasília para buscar fatias de emendas parlamentares, o que transforma a política em negociata permanente.

É importante lembrar que o sistema integrado informatizado permite hoje seguir os fluxos de recursos, e que os municípios menores têm se organizado em consórcios intermunicipais que asseguram outro nível de eficiência.

---

tensificação das ações promocionais do Projeto Brazilian Rice — desenvolvido pela associação em parceria com a Apex-Brasil — contribuíram para o bom desempenho das vendas externas do setor no mês passado". Em 2014, o Brasil tinha saído do Mapa da Fome da Organização das Nações Unidas para a Alimentação e a Agricultura (FAO). Ver: "Brasil aumenta exportações de arroz em setembro mesmo com dificuldades no frete", *Canal Rural*, 20 out. 2021.

O princípio geral que tem caracterizado os sistemas que funcionam é que o dinheiro é utilizado de maneira mais eficiente quando a decisão sobre o seu uso é mais próxima das comunidades interessadas. Como dissemos, a China, segundo Kroeber (2016), é mais descentralizada ainda do que a Suécia: tem um governo central politicamente forte, mas as iniciativas e a organização são locais.

A política tributária brasileira é simplesmente escandalosa e paralisa o país. É injusta, improdutiva e ineficiente. Usa-se o argumento de que obrigar os ricos a pagar impostos fará com que levem o dinheiro para fora. Não precisam fugir: a evasão fiscal hoje é da ordem de 8% do PIB, e temos centenas de bilhões de dólares em paraísos fiscais. Precisamos resgatar a política tributária no país, de forma justa e honesta.[73]

---

[73] O melhor estudo e sistematização de propostas, bem quantificadas, *A reforma tributária necessária*, foi coordenado por Eduardo Fagnani (2018) com participação de cerca de quarenta pesquisadores. Ver também: Fagnani (2020).

POLÍTICA DE CRÉDITO

O dinheiro que está nos bancos é nosso — da população e das empresas —, não é dos bancos, instituições que podem ser privadas, mas têm de receber uma autorização do Banco Central, uma carta patente que os autoriza a trabalhar com o dinheiro de terceiros. Inclusive o dinheiro que financia a dívida pública é nosso dinheiro, dos nossos impostos. Por isso, os intermediários financeiros que administram os nossos recursos têm de fazê-lo de maneira útil para a sociedade.

No Brasil, no conjunto, o sistema de intermediação financeira, em vez de prestar serviços de intermediação e de fomentar a economia, transformou-se em um sistema de drenos financeiros, travando o consumo das famílias, o investimento empresarial e o investimento público através do chamado serviço da dívida. Apresentamos os mecanismos em detalhe no livro *A era do capital improdutivo* (Dowbor, 2017), em particular no capítulo 12.

O essencial, em termos econômicos, é que, intermediando dinheiro dos outros, ou emitindo papéis e inclusive dinheiro sob forma de dívida, ganha-se mais dinheiro do que produzindo. Quando os juros — e temos de incluir as inúmeras tarifas e "reciprocidades" cobradas — são superiores ao rendimento que asseguram aos tomadores de crédito, o resultado são pessoas e empresas indefinidamente endividadas, que "rolam" a dívida sem conseguir sair do ciclo de endividamento.

Um ponto de referência simples é utilizar a média dos juros cobrados nos países da OCDE. Como vimos, e para poder comparar, os juros sobre o rotativo do cartão no Canadá são de 11% ao ano, enquanto no Brasil eram da ordem de 360% no início de 2022. A agiotagem tem de voltar a constituir crime, como estava estipulado no artigo 192 da Constituição de 1988. E tem de ser retomada a política adotada pela presidente Dilma Rousseff em 2013, que era de utilizar os bancos públicos para oferecer crédito com juros adequados à economia, forçando assim a ruptura do cartel dos grandes bancos privados e da agiotagem que ele permite. Isso envolve também os crediários, que no Brasil geram lucros fabulosos para grandes redes varejistas que se tornaram mais financiadoras do que intermediárias comerciais.

As medidas, aqui também, são conhecidas: o Banco Central tem de voltar a ter um papel regulador do sistema de crédito; os bancos têm de voltar a servir a sociedade cujo dinheiro administram, e não apenas se servirem. Adotar medidas próximas da média da OCDE não só assegura essa funcionalidade, como evita fluxos especulativos com o mercado financeiro externo. As limitações são de ordem política, não técnica ou financeira. Tanto acionistas nacionais como internacionais se acostumaram a drenar a economia brasileira, gerando fortunas improdutivas em volumes espantosos, e qualquer mexida no rentismo financeiro que se instalou nos anos 1990 gera oposição violenta entre as elites, como se viu com a redução das taxas de juros e a taxação de lucros especulativos (*carry trade*) adotadas pelo governo Dilma, e que originou o golpe.

Grande parte da impunidade com a qual grupos financeiros drenam a economia resulta da pouca compreensão dos mecanismos financeiros por parte da população. É o que se vê com o absurdo da elevação da taxa Selic com o pretexto de combater a inflação, justificativa sem sentido numa inflação que não é de demanda; ou com a apresentação de juros ao mês, quando o resto do mundo trabalha com taxas anuais. O sistema financeiro precisa se tornar transparente, e o Banco Central tem um papel importante a desempenhar e que precisa ser resgatado. Os meios de comunicação tradicionais jogam a culpa nos tomadores de crédito, dizendo que precisam de educação financeira, quando não há educação financeira suficiente frente ao cartel da agiotagem.

APROVEITAMENTO DAS EXPORTAÇÕES PRIMÁRIAS

O Brasil tem imensas riquezas naturais: energia, água, minérios e solo agrícola. Essas riquezas têm de ser aproveitadas para financiar o desenvolvimento equilibrado do país. O que constatamos na fase mais recente é uma reprimarização radical da economia, fragilizando a indústria, a pequena e média empresa e a agricultura familiar destinadas ao mercado interno. Com tecnologias muito avançadas, e sob controle financeiro dos grandes traders de commodities, a exportação de bens primários tornou-se o setor que mais cresceu na economia brasileira.

A produção de commodities gera desastres ambientais, cria poucos empregos e tem efeitos limitados na indução do desenvolvimento, ao enriquecer acionistas e intermediários comerciais. As riquezas naturais se esgotam gradualmente, tanto pela redução de reservas minerais como pela fragilização dos solos e destruição da cobertura florestal. Os seus avanços só se justificam ao se utilizar os recursos gerados para sair da dependência de bens primários. Isso envolve o enriquecimento da cadeia de produção, tanto a montante, com tecnificação dos insumos (base científico--tecnológica, equipamentos, infraestruturas), como a jusante, exportando, por exemplo, óleo de soja e outros subprodutos industrializados em vez de exportar o produto bruto.

Por outro lado, como se trata essencialmente de riquezas naturais que pertencem à nação, como o petróleo, em vez de serem privatizadas e usadas para enriquecer os traders internacionais e seus associados internos, devem contribuir ao financiamento do desenvolvimento equilibrado do país, com mais ciência e tecnologia, educação, indústria e outros setores que permitam dinamizar o conjunto. A privatização faz com que os lucros das atividades primárias exportadoras enriqueçam acionistas internacionais e nacionais — como já vimos, privatização, aqui, significa desnacionalização —, enquanto a isenção fiscal (Lei Kandir) faz com que os recursos pouco contribuam para financiar políticas públicas. Trata-se de utilizar o setor primário como alavanca para dinamizar setores tecnologicamente mais avançados e mais ligados ao bem-estar do país. O que temos hoje constitui essencialmente um dreno. No caso da fome generalizada, trata-se também de um escândalo.

ALOCAÇÃO RACIONAL DE RECURSOS: POLÍTICA FISCAL

O problema principal do país, em termos de financiamento, não é a falta de recursos, mas a sua alocação, que privilegia ganhos financeiros improdutivos em vez de fomentar a economia. Como já dissemos, uma parte da dinâmica a ser corrigida é a política tributária, desonerando o consumo e atividades produtivas e cobrando impostos sobre as grandes fortunas e usos improdutivos. De forma semelhante, a política de crédito deve favorecer o financiamento de atividades produtivas. A política fiscal visa racionalizar o uso do dinheiro público. No conjunto, o financiamento público deve buscar os efeitos multiplicadores dos recursos.

Como vimos antes, assegurar a renda básica possibilita retorno superior ao que o governo repassa à base da sociedade. Financiar saneamento básico acarreta economia ao reduzir os custos com o tratamento de doenças. Financiar o apoio à agricultura familiar assegura efeitos produtivos que também multiplicam os recursos. As políticas de seguridade social provocam bem-estar e demanda na base da sociedade.

O Brasil adquiriu, através da Caixa Econômica Federal e do Banco do Brasil, mas também dos bancos públicos regionais, uma grande capacidade de gestão produtiva de recursos financeiros. A partir de 2015, a prioridade passou a ser o aumento do lucro dos bancos e, consequentemente, dos acionistas, e não o efeito multiplicador de atividades produtivas.

Em termos gerais, em vez de apontar o déficit e propor redução de "gastos" em nome da "austeridade", o governo precisa orientar os recursos para dinamizar a base produtiva subutilizada, reduzindo o déficit através da expansão da base produtiva. Isso envolve priorizar a inclusão produtiva que vimos acima, com renda básica, expansão das políticas sociais e dos investimentos em infraestrutura e políticas de geração de emprego. O déficit se combate aumentando a base produtiva.

―

O problema elementar não é *de onde* vêm os recursos — que vêm dos impostos e podem ser de conversão das reservas cambiais, do endividamento ou até de emissão monetária pública —, e sim *para onde* vão: um bom investimento gera retorno e equilibra as contas.

Não há como não ver a pilhagem generalizada dos recursos públicos que gerou a situação que se vive no país em 2022, com paralisia econômica, déficit público elevado, inflação crescente, taxas absurdas de juros, entrega de recursos naturais à iniciativa privada — inclusive do petróleo, tão importante para financiar o desenvolvimento. A convergência dos absurdos de uma tributação regressiva, de agiotagem nas políticas de crédito e de uma política fiscal que privilegia corporações financeiras em vez do fomento da economia gera uma catástrofe com dimensões simultaneamente econômicas, políticas e sociais.

III. Racionalização da gestão: o processo decisório

Temos os recursos financeiros e tecnológicos, sabemos o que deve ser feito — em nível global, trata-se de buscar uma sociedade economicamente viável, socialmente justa e ambientalmente sustentável —, e inclusive temos os detalhamentos disso nos dezessete Objetivos de Desenvolvimento Sustentável, 169 metas e 230 indicadores. Conhecemos os nossos dramas: a fome, as insuficiências e desigualdades na educação, os problemas da saúde, a destruição ambiental, o caos financeiro e tantas questões que enfrentamos. Sistematizar, quantificar e divulgar os nossos problemas é fundamental, mas quando temos uma convergência de tantas dinâmicas críticas, temos de pensar não só nas mazelas, mas nos processos de gestão que as produzem, ou que impedem que sejam enfrentadas. Com simplificações ideológicas absurdas — como esperar que os mercados resolvam, Estado mínimo, privatizações, desvio de dinheiro público para o serviço da dívida e, sobretudo, a priorização generalizada de ganhos financeiros —, temos uma crise do próprio processo de solução de problemas. A impotência institucional que assola o país tem de ser enfrentada, possibilitando a governança necessária e racionalizando o processo decisório da sociedade.

A ARTICULAÇÃO DO ESTADO, DAS EMPRESAS E DA SOCIEDADE CIVIL

Os mercados, sozinhos, não resolvem. Se em outra época tínhamos inúmeras empresas que se enfrentavam para prestar serviços adequados, hoje temos gigantes corporativos, plataformas que controlam as finanças, as comunicações, a informação e, inclusive, os comportamentos pessoais, e têm peso decisivo no Legislativo, no Executivo e em grande parte do Judiciário. A apropriação privada das políticas públicas constitui um desafio central, e significa que perdemos tanto o poder regulador da livre-concorrência empresarial — que subsiste apenas em áreas de pequenas e médias empresas — quanto os sistemas de planejamento de médio e longo prazo que tiveram e têm papel importante na União Europeia e evidentemente na China e em outros países. O mundo globalizado e financeirizado perdeu os seus dois principais mecanismos reguladores: a concorrência empresarial e o planejamento econômico e social.

Somos sociedades demasiado complexas para ser geridas por simplificações ideológicas como o neoliberalismo. No estudo já mencionado, *O pão nosso de cada dia: opções econômicas para sair da crise* (Dowbor, 2021), propusemos um conjunto de soluções baseadas não no maniqueísmo ideológico, mas no acompanhamento do que funciona, em que condições e com quais formas de organização, nos mais diversos setores: produzir carros, camisetas e tomates pode ser regulado no quadro da propriedade privada e com mecanismos de mercado, mas as grandes infraestruturas (transportes, energia, comunicações, água e saneamento etc.) precisam de visão sistêmica, planejamento de longo prazo e participação decisiva do Estado. Outra área vital da economia, que hoje se tornou dominante, são os serviços de intermediação como finanças, comércio de commodities, intermediação jurídica e semelhantes — os cobradores de pedágio de qualquer atividade econômica. Esses setores precisam de sistemas de regulação e, em particular, de setores estatais para reduzir a força da cartelização: atualmente, a economia é dominada por intermediários que "facilitam", mas na realidade são atravessadores. E uma quarta área que se agigantou, a das políticas sociais, com saúde, educação, segurança e semelhantes: onde funciona, é assegurada sob forma de políticas públicas, gratuitas e de acesso universal.

Em outros termos, ao olharmos como e onde funcionam de forma adequada diversas áreas de atividade — a educação na Finlândia, as políticas urbanas na Dinamarca, o sistema financeiro na China, na Alemanha e na Suécia, o sistema de saúde na Grã-Bretanha —, a conclusão a que chegamos é que não se trata de Estado máximo ou mínimo, mas do Estado dirigindo os setores em que a visão pública e sistêmica é essencial.

As empresas produtivas podem, sim, se regular por mecanismos de mercado, dentro de um marco jurídico que controle a formação de monopólios e os impactos ambientais. As grandes redes de infraestruturas precisam de visão de longo prazo, objetivos sistêmicos e planejamento público, com forte participação do Estado. As plataformas de intermediação financeira e de comunicação precisam ser confrontadas fortemente com regulação, pois tendem naturalmente a formar monopólios de demanda. As políticas sociais exigem formas descentralizadas e participativas de gestão, já que se trata de redes capilares de serviços que devem chegar a cada casa, a cada criança, a cada comunidade.

Ou seja, em vez de velhas simplificações ideológicas, precisamos optar pelas formas de organização e processos decisórios que melhor funcionem em cada uma das diferentes áreas de atividade. Podemos chamar isso de sistemas mistos e articulados de gestão. Trata-se da aplicação do bom senso. Privatizar a Petrobras e submeter o conjunto do país às oscilações dos mercados internacionais, quando temos a matéria-prima e a cadeia técnica completa nas nossas mãos, é compreensível pelos interesses envolvidos, mas é um desastre para o país e uma idiotice em termos de gestão. As exportações de recursos naturais devem servir para financiar o desenvolvimento, não o rentismo de acionistas.

GESTÃO DESCENTRALIZADA EM REDE

As formas atualizadas de gestão se deslocaram tanto no setor público como no setor privado. Grandes corporações privadas com unidades em numerosos países e em vários setores trabalham com sistemas descentralizados e articulados em rede para otimizar o processo decisório. No caso do Brasil, com a dimensão territorial, a diversidade regional e 5.570 municípios, o sistema centralizado atual, em que a alocação de recursos fica essencialmente em Brasília, é irracional tanto para a base da sociedade (que não dispõe dos recursos correspondentes aos encargos) como para o governo central (atolado em micronegociações). O estudo de Marcélio Uchôa (2020), *O que os gestores públicos municipais precisam saber*, mostra em particular a impotência dos pequenos e médios municípios. A descentralização de recursos, acompanhada de uma gestão em rede, permitirá aos diversos níveis governamentais acompanhar em detalhe os fluxos financeiros e as realizações, dependendo naturalmente de se assegurar a inclusão digital generalizada, condição prévia para qualquer gestão racional de recursos, com os devidos controles.

Para os municípios, como vimos acima em relação à subutilização das capacidades de gestão, é essencial a descentralização de recursos, a possibilidade de organizar finanças de proximidade, com bancos públicos municipais (como na Alemanha, na China, na Califórnia e em numerosos outros casos), bancos comunitários de desenvolvimento e, evidentemente, o aumento de transferências previsíveis, permitindo um planejamento local adequado.

A Constituição de 1988 é desequilibrada nesse plano, com transferência de mais encargos para os municípios, mas não dos recursos correspondentes, exigindo uma reformulação do pacto federativo. É importante reiterar que o sistema em rede informatizado permite que o conjunto dos fluxos seja acompanhado nos diversos níveis de governo, assegurando ao mesmo tempo o controle necessário e a flexibilidade da gestão em função da diversidade dos municípios e das regiões. Conforme mencionado anteriormente, o relatório de pesquisa *Projeto Política Nacional de Apoio ao Desenvolvimento Local* (Instituto Cidadania, 2006) sistematiza em oito setores e 89 propostas o que poderia ser uma racionalização do processo decisório a partir da unidade básica da gestão pública que é o município.

INCLUSÃO DIGITAL

Com o deslocamento das atividades para a economia imaterial, tornaram-se fundamentais a inclusão digital de qualidade e a conectividade generalizada de todos os agentes econômicos e sociais e, inclusive, dos indivíduos. Em termos de custo/benefício, a inclusão digital constitui a iniciativa de maior efeito multiplicador, ao aumentar radicalmente as opções de que dispõem tanto as pessoas físicas como as pessoas jurídicas e os diversos níveis de administração pública. No Brasil, é um recurso amplamente subutilizado, como se constata nos relatórios do Comitê Gestor da Internet (CGI), com um quarto da população excluída e uma parcela limitada da população com acesso pleno de qualidade. A exclusão ou inclusão digital apenas parcial aprofundam a desigualdade: como pode estudar a criança sem acesso à internet?

Ainda que seja associada a atividades econômicas de ponta, hoje a inclusão digital e o acesso a tecnologias em geral são vitais para qualquer pequeno produtor. O pequeno agricultor precisa de inseminação artificial, de análise de solo, de informação meteorológica, de informação de preços, de consulta com potenciais clientes: a conectividade rompe o isolamento, permite inclusive romper os pedágios de atravessadores ao facilitar a venda da produção ao consumidor final. É preciso lembrar que a rede de transportes possibilita articular os agentes econômicos do território, mas envolve custos muito elevados. A conectividade em rede tem custos baixíssimos, pois as ondas eletromagnéticas são da natureza, veículo natural de articulação de todas as atividades. Os preços que pagamos pelo acesso não resultam dos custos, e sim dos lucros elevados dos oligopólios que cobram pedágios sobre canais de transmissão que já estão disponíveis. Tal como as redes de abastecimento de água e de energia, o acesso de alto nível e generalizado pode ser assegurado como serviço público, cobrindo essencialmente os custos.

Iniciativas pioneiras como o Piraí Digital, que assegurou a cobertura de sinal de internet em todo o território municipal da cidade de Piraí (RJ), com custos baixíssimos, mostram como uma economia pode ser dinamizada ao se liberar o acesso à comunicação, ao conhecimento e às articulações em rede em todas as áreas de atividade. As experiências do Quênia e inúmeros outros lugares mostram como o contato direto entre agentes econômicos permite escapar dos custos impostos pelos bancos e outros intermediários financeiros ou comerciais. As plataformas colaborativas locais permitem a dinamização de sinergias entre os agentes econômicos locais ou regionais, como vemos com a plataforma colaborativa local para taxistas em Araraquara (SP),[74] com a qual o que os motoristas ganham fica no município, em vez de financiar acionistas da Uber espalhados pelo mundo.

Na era da economia e da sociedade do conhecimento, o atraso que o Brasil está demonstrando na base técnica e no processo de inclusão digital é catastrófico. A recusa do ministro da Economia, Paulo Guedes, em 2021, em autorizar o financiamento de 3,5 bilhões de reais para assegurar acesso à internet em escolas públicas mostra uma incompreensão radical das prioridades e das dimensões científico-tecnológicas do desenvolvimento. Na realidade, com o conhecimento se tornando o principal fator de produção das economias modernas, assegurar sistemas adequados de acesso para todos tornou-se essencial.

---

[74] Plataforma desenvolvida em parceria pela prefeitura e por cooperativa em que 93% do valor da corrida vai para os próprios motoristas. Ver: BITTENCOURT, Julinho. "Bibi Mob, o 'Uber público' de Araraquara, bomba com apenas um mês de lançamento", *Fórum*, 27 jan. 2022.

É importante entender que a gestão das grandes corporações, como os bancos e os produtores e exportadores de bens primários (agroindústria, mineração), é hoje muito moderna e avançada, mas prioriza a maximização de lucros, num ambiente descontrolado e que abdicou de qualquer soberania. Não há nenhum problema em exportar petróleo, se os impostos cobrados e os recursos angariados servirem para financiar a industrialização e avanços científicos. A gestão pública brasileira, no entanto, está muito ultrapassada, o que permite precisamente que as corporações se tornem drenos das riquezas em vez de contribuírem para o desenvolvimento.

Os países que funcionam, como vimos, asseguram um equilíbrio razoável entre Estado, empresas (e, em particular, as gigantes transnacionais) e os diversos níveis de organização da sociedade civil, sobretudo sindicatos e outros tipos de associações. No Brasil, dramas como a fome, a desindustrialização, a reprimarização, o atraso científico e educacional e outras deformações são bastante estudados e conhecidos, mas precisamos voltar a atenção para o processo decisório que permitiu e continua permitindo o divórcio entre os interesses privados de curto prazo, inclusive internacionais, e os interesses da nação. Precisamos de um choque de gestão moderna tanto na administração pública como nos seus relacionamentos com os diversos agentes econômicos e sociais. Reinventar o governo não seria uma expressão exagerada.

IV. As bases políticas: democratização

Não há como não perceber que estamos vivendo numa democracia de faz de conta. O governo das oligarquias, da articulação de interesses internos e internacionais, que é o que tem caracterizado a nossa política, com raros intervalos, deforma o desenvolvimento na medida em que favorece a autorreprodução de privilégios, e reproduz a fratura social do país. O mesmo processo favorece a erosão da soberania nacional, já que os grupos efetivamente no poder são hoje essencialmente associados com os gigantes financeiros internacionais, os traders de comercialização de commodities e os interesses das grandes potências por acesso a matérias-primas, sem consideração para com os dramas sociais, econômicos e ambientais gerados. O alinhamento com interesses externos rompe o equilíbrio necessário entre as pressões externas e as necessidades de longo prazo do nosso desenvolvimento. Nunca haverá soberania total neste mundo hoje interdependente, mas se não houver um governo capaz de negociar os interesses do Brasil, o país será simplesmente usado, como tem sido de forma muito acentuada desde o golpe de 2016. A democratização e a soberania são vitais para o conjunto dos nossos objetivos.[75]

DEMOCRACIA PARTICIPATIVA

A democracia não se sustenta apenas no voto: necessita de formas democráticas de consulta regular, acompanhamento dos programas e participação nas diferentes iniciativas. Como vimos, isso envolve uma forte descentralização do processo decisório, em particular para o nível municipal: é ali que a população conhece os problemas, os personagens políticos, os desafios a enfrentar. Isso pode perfeitamente coexistir com formas modernas de controle financeiro e de resultados, no quadro da gestão descentralizada em rede que vimos acima. Não se trata de ideais: é simplesmente muito mais eficiente cada cidade poder resolver os problemas do seu cotidiano, a formação de um cinturão verde hortifrutigranjeiro, polí-

---

[75] Para uma discussão mais ampla, ver: Dowbor (2012).

ticas de emprego, melhorias de infraestrutura e assim por diante. As escolas e as faculdades podem hoje se articular em níveis regionais para o intercâmbio científico. Isso inclusive melhora a gestão no nível do governo central, que pode se concentrar nas questões mais amplas.

As tecnologias modernas apropriadas por gigantes corporativos geraram um sistema de centralização de poder e de concentração de riqueza intolerável, desastroso em termos econômicos, sociais e ambientais. A democratização, perfeitamente possível em termos técnicos, e com baixos custos, pode abrir espaço para uma reapropriação das iniciativas pela base. Na era do conhecimento, e com as tecnologias disponíveis, a ideia de uma sociedade descentralizada e participativa se torna realista, como vemos em inúmeros países. O exemplo do bairro da Casa Verde, em São Paulo — onde uma plataforma colaborativa permite que empresas, clubes, escolas de samba e até famílias se articulem no próprio bairro em função de suas necessidades e projetos — mostra o espaço de oportunidades que se abre.[76]

Não estamos mais numa época em que a minoria da minoria tinha acesso à educação e aos conhecimentos

---

[76] Para mais detalhes, ver: Fernando Camilher-Almeida (2021).

gerais. Em toda parte, hoje, há gente escolarizada, e a conectividade global permite interações colaborativas. É a base de um sistema democrático muito mais participativo que precisamos assegurar, fazendo contrapeso ao sistema centralizado de interesses das grandes corporações e das suas articulações políticas. É fundamental entender que, quando o principal fator de produção é o conhecimento (imaterial e, portanto, passível de reprodução infinita sem custos adicionais), abrem-se imensas oportunidades nas quais a colaboração é mais eficiente do que a competição. De certa maneira, é a base tecnológica da transformação política.[77]

O RESGATE DA DIGNIDADE HUMANA

A desigualdade medida em termos econômicos, em particular de renda e de riqueza, continua fundamental. Mas as suas manifestações se dão em complexas dinâmicas sociais, nas quais a desigualdade econômica se articula com a desigualdade de gênero, raça, sexualidade, idade, regiões ou até bairros. A desigualdade tem de ser anali-

---

[77] Uma leitura importante é o livro de Jeremy Rifkin (2015).

sada e enfrentada no plural, tal como a ONU propõe, hoje, com o conceito de pobreza multidimensional. O conceito mais amplo de resgate da dignidade humana, que envolve desde assegurar o piso econômico para todos até o enfrentamento das mais variadas formas de preconceitos, de humilhações que atingem a maior parte da população, reflete melhor o impacto sistêmico das várias formas de desigualdade. As contradições de classe continuam essenciais, mas as suas ramificações e manifestações diferenciadas vão muito além das dimensões econômicas. Temos de organizar a política na linha da convergência das diversas formas de combate à discriminação.[78]

A Lei de Cotas adotada no Brasil foi um grande sucesso, em particular porque a inclusão por meio da educação e do acesso ao conhecimento em geral tem impactos estruturais e de longo prazo, e vai ser cada vez mais determinante, à medida que a dimensão do conhecimento nos processos produtivos segue se tornando dominante.

Vimos no caso das comunidades organizadas pelo MST como a inclusão produtiva precisa ser acompanhada de uma mudança cultural profunda no respeito mútuo, no sentimento de pertencer a uma construção social mais

---

[78] O livro mencionado de Mário Theodoro (2022) constitui um aporte fundamental nessa discussão e reorientação de políticas.

ampla. Inúmeras atividades econômicas, como as iniciativas de economia solidária promovidas em particular por Paul Singer e os avanços dos sistemas cooperativos, contribuem para gerar dinâmicas ao mesmo tempo produtivas e colaborativas, em que as dimensões econômica, política, social e cultural se encontram e se tornam sinérgicas. Não há como não ver que enfrentamos um horizonte de mudança civilizatória: é de uma outra economia que necessitamos, não apenas de "mais economia".[79]

O RESGATE DA RELAÇÃO COM A NATUREZA

Até relativamente pouco tempo atrás, os desafios ambientais eram defendidos por minorias informadas, mas, hoje, com a dimensão das catástrofes que já estamos enfrentando, cada vez mais gente se convence de que não é apenas uma questão de baleias e de ursos polares, e sim da nossa sobrevivência. É sem dúvida mais fácil mobilizar as pessoas em torno de problemas de curto prazo, porém o cenário mudou, e muitos, em particular na nova gera-

---

[79] Ver: BOFF, Leonardo. "Uma outra agenda (mundial): libertemos a vida ou um outro paradigma civilizatório?", *Brasil 247*, 16 maio 2022.

ção, já entenderam e se mobilizam, como constatamos nos movimentos ocorridos no Chile e em muitos outros países. Trata-se de uma mudança cultural profunda, que abre a possibilidade de mobilizar as pessoas não só em torno de seus desafios imediatos, mas em torno dos desafios sistêmicos e de médio e longo prazo. Estamos indo muito além dos "verdes". É um desafio da humanidade.

O conceito básico de uma realidade economicamente viável, socialmente justa e ambientalmente sustentável, muito presente em nível internacional, faz parte dessa dimensão mais ampla da mobilização social. Chega de barbárie. Por um lado, isso envolve capacidade de regulação por parte do Estado, para coibir dramas como o de Mariana (MG), a queima das florestas e do Cerrado, os agrotóxicos em todos os alimentos e nos rios etc. Por outro lado, envolve o imenso potencial de políticas públicas de emprego, com saneamento básico, arborização urbana e tantas possibilidades, no nível dos municípios, com cofinanciamento dos estados e da União, gerando ao mesmo tempo emprego, renda e vida mais saudável na base da sociedade. Igualmente importante é o fato de que a adesão do país a políticas ambientais coerentes é hoje de primeira importância para as relações internacionais e a abertura de mercados.

UMA CIVILIZAÇÃO BASEADA NO CONHECIMENTO E NA COLABORAÇÃO

É sonhar demais desejar uma mudança profunda de valores, da própria cultura de competição, de exploração, de guerra de todos contra todos? Na realidade, trata-se de evitar o pesadelo. Hoje temos inúmeros estudos que mostram que estamos caminhando rapidamente para uma destruição da nossa própria civilização, tanto pelos dramas ambientais — nós somos parte da natureza que estamos destruindo — quanto pela desigualdade explosiva, que nos torna ingovernáveis, e pela desarticulação do pequeno avanço que tivemos ao longo dos últimos séculos, o conceito de uma sociedade democrática.

Os desafios foram bem resumidos por David Wallace-Wells (2019) em *A terra inabitável*. A cultura da guerra de todos contra todos, com as tecnologias modernas, gera uma dinâmica simplesmente destrutiva. Não se trata de "destrutiva" no sentido acadêmico ou parlamentar, e sim no sentido físico, dos nossos filhos e netos, quando não de nós mesmos, como no caso da pandemia que se espraiou pelo planeta. Temos de aprender a colaborar e a vestir orelhas de asnos nos bilionários que se lambuzam de dinheiro e poder e promovem o caos.

A diferenciação de interesses pontuais e interesses difusos ajuda muito na compreensão dos dilemas. A maioria da população brasileira sem dúvida apoia a preservação da Amazônia, mas esse é um interesse difuso, fragmentado na consciência de milhões de pessoas, enquanto os interesses individualizados das corporações que lucram com a madeira, a soja, a carne e os minérios se articulam para comprar políticos, mudar as leis e promover golpes, se necessário. São interesses organizados que se tornam muito mais poderosos do que os interesses difusos da humanidade, e inclusive ampliam a sua base de apoio com o pagamento de dividendos a tantos acionistas. Encontramos essa dinâmica na contaminação planetária de aquíferos, rios e mares, na intensificação da mudança climática, na destruição da biodiversidade, na redução de centenas de milhões de pessoas ao desespero e à fome. *The business of business is business*, justificava Milton Friedman. As simplificações idiotas são fortes quando coincidem com os interesses dominantes.

Hoje temos as estatísticas, mas não o poder de mudá-las. A Organização Mundial da Saúde (OMS) apresenta em detalhes as 8,2 milhões de mortes prematuras causadas pelo cigarro: sete milhões de fumantes e 1,2 milhão por exposição passiva. Morrem cerca de 4,2 milhões de pessoas devido à poluição do ar e 3,6 milhões por poluição da água, num total de 15,8 milhões por ano, com causas conhecidas e evitáveis. A obesidade, provocada em grande parte por alimentos ultraprocessados, leva a mais cinco milhões de mortes prematuras por ano. O câncer, em boa parte causado por produtos químicos, acarreta dez milhões de mortes anuais, e hoje atinge até jovens e crianças. As empresas que contribuem para essas mortes conhecem perfeitamente os números. Um bilhão de pessoas passam fome e 2,3 bilhões sofrem com insegurança alimentar, mas nos Estados Unidos 70% da soja e 30% do milho se destinam ao gado. Não poderíamos privilegiar as pessoas?

A prioridade é obter mais lucros e dividendos para os acionistas, grandes grupos financeiros. Todos eles assinam os princípios de ESG. Quantos anos levou — e quanto tivemos que lutar — para que retirassem o chumbo dos combustíveis? Ou para as empresas de tabaco reconhecerem que sabiam da ligação do cigarro com o câncer? Os que contaminam a água com agrotóxicos são desinformados? Os que liquidam a vida marinha poluindo os oceanos não conhecem os números? A Volkswagen não sabe das mortes por emissão de partículas?[80]

---

[80] Para mais informações sobre o papel das corporações, ver: Nicholas Freudenberg (2022).

Temos de organizar a inclusão produtiva, assegurar as bases financeiras correspondentes, atualizar as formas de gestão para que as políticas funcionem e ampliar as bases políticas para que essas mudanças sejam possíveis. Nesse último ponto, somos por toda parte herdeiros de simplificações ideológicas, em particular na economia, em que justificamos a barbárie agitando a bandeira do perigo de uma barbárie ainda maior. Eric Hobsbawm (1994, p. 336) com razão escreveu que as teorias econômicas dos neoclássicos passaram a ser defendidas como uma teologia.

As populações, as organizações da sociedade civil, as pequenas e médias empresas e o conjunto dos agentes sociais precisam ter uma presença muito mais ativa e cotidiana na gestão dos interesses do conjunto da sociedade. Frente à força das grandes corporações mundiais, ou teremos democracia participativa, ou não teremos democracia. E, em particular, precisamos resgatar mais Paulo Freire, Frantz Fanon e tantos indignados do planeta que buscaram uma vida digna para todos. Não hesitaria em dizer que precisamos de um novo humanismo e de formas correspondentes de organizar a definição dos rumos da sociedade.

Realismo e esperanças

Voltemos ao principal: conhecemos os dramas e os desafios, sabemos o que deve ser feito e temos de sobra os recursos financeiros e tecnológicos necessários para assegurar a todos uma vida digna e confortável, no quadro de uma sociedade sustentável, sem precisar impor um igualitarismo opressivo. Até quando aceitaremos as narrativas absurdas difundidas pela mídia comercial, financiada por corporações, quando precisamos de uma sociedade informada e de uma governança responsável? Estamos à beira de um ponto de não retorno. No filme *Não Olhe para Cima* (Adam McKay, 2021), a personagem desaba em choro em entrevista na TV comercial devido ao sentimento de impotência e incompreensão diante do que ela sabe que são fatos. George Monbiot,[81] que não é personagem fictício, mas um dos melhores analistas da atualidade, colunista do *Guardian*, conta que teve uma

---

[81] MONBIOT, George. "Watching *Don't Look Up* made me see my whole life of campaigning flash before me", *The Guardian*, 4 jan. 2022.

semelhante e humilhante crise de choro em entrevista à BBC: até quando vamos manter o faz de conta, até quando toleraremos um sistema que está nos destruindo?

As vacinas contra o Sars-CoV-2 e suas sucessivas variantes foram desenvolvidas por empresas privadas ou instituições públicas em diversos países, sobre a base de conhecimentos sobre o genoma construídos por milhares de instituições públicas e privadas, mas a sua generalização é radicalmente travada por interesses corporativos. Privar bilhões de pessoas do acesso aos imunizantes vai favorecer o aparecimento de novas cepas, e vender a vacina a preços elevados mantém o drama, ainda que gere imensas fortunas privadas. É grave, mas apenas mais um entre muitos casos: a deformação é sistêmica.

A reversão da destruição da camada de ozônio, conseguida por meio de colaboração internacional, oferece um raro exemplo de choque de bom senso planetário. Hoje, precisamos construir esse bom senso de maneira generalizada, com uma sociedade efetivamente informada e uma política voltada para o bem comum, e não apenas destinada a assegurar um marco institucional confortável para a acumulação de fortunas à custa do futuro de todos nós. O relatório *Nosso futuro comum* (Comissão Mundial sobre Meio Ambiente e Desenvolvimento, 1991), publicado no final dos anos 1980, já apontava os rumos. Hoje temos os Objetivos do Desenvolvimento Sustentável da ONU, muitas reuniões e comissões. Conversas.

O tempo urge e, nos horizontes políticos concretos de cada país, temos de inserir com força não só os desafios imediatos mas também a visão sistêmica de uma sociedade civilizada. No segundo capítulo do presente estudo, mencionamos como se articulam a "exploração, as narrativas manipuladoras e o porrete" (p. 97), pois, ao estudar a história da humanidade, sempre houve uma mistura desses três elementos. A escravidão exigia menos narrativa e mais porrete, e a exploração era mais evidente. Mesmo assim, criavam-se narrativas suficientes para acalmar os eventuais problemas de consciência. Usou-se Darwin para justificar os comportamentos mais desumanos. Hoje, com o poder da invasão da nossa intimidade e algoritmos que permitem adequar as narrativas às nossas personalidades individualizadas, além da invasão incessante do nosso espaço consciente com mensagens tanto racionais como absurdas, gerou-se um tipo de neblina cerebral e de sentimento de impotência. Desorientadas, as pessoas se agarram a simplificações. Numa sociedade complexa, isso é desastroso.

As perspectivas não são promissoras. Tenho chamado isso de impotência institucional. Todos sabemos que temos de mudar de rumos, mas quase nada acontece. Os computadores das corporações que definem onde serão aplicadas imensas massas de recursos financeiros seguem os algoritmos de maximização de retorno no mais curto prazo, enquanto os departamentos de relações públicas lançam declarações sobre a importância do ESG. É um universo de faz de conta. O que temos a fazer é conscientizar, batalhar por mudanças, por um choque de bom senso.

O mais provável, no entanto, é que só com o aprofundamento da catástrofe planetária a humanidade despertará para realmente mudar as formas como a sociedade se administra. Foi o choque profundo da tragédia da Segunda Guerra Mundial que gerou a força política para criar a ONU e as instituições de regulação internacional, hoje ultrapassadas ou inoperantes. Até quando durará essa observação passiva da catástrofe em câmera lenta? Ficar repetindo que "os mercados" vão resolver é coisa para idiotas ou pessoas com interesses pessoais — frequentemente, ambos.

Referências

AHNEL, Robin. *Economic Justice and Democracy: From Competition to Cooperation*. Nova York/Londres: Routledge, 2005.

ALPEROVITZ, Gar & DALY, Lew. *Apropriação indébita: como os ricos estão tomando a nossa herança comum*. São Paulo: Ed. Senac, 2010.

AMIN, Samir. *Accumulation on a World Scale*. Nova York: Monthly Review Press, 1974.

BAUMAN, Zygmunt. *Capitalismo parasitário e outros temas contemporâneos*. Rio de Janeiro: Zahar, 2010.

BERNERS-LEE, Tim. *Weaving the Web: The Original Design and Ultimate Destiny of the World Wide Web*. Nova York: Harper Business, 2000.

CAMILHER-ALMEIDA, Fernando. *Nosso Núcleo Casa Verde: desenvolvimento local sustentável fomentado pela vontade do território e pela tecnologia*. São Paulo: Nosso Núcleo Casa Verde, 2021. Disponível em: https://dowbor.org/2021/10/nosso-nucleo-casa-verde-desenvolvimento-local-sustentavel-fomentado-pela-vontade-do-territorio-e-pela-tecnologia.html.

CASTELLS, Manuel. *A galáxia da internet*. Rio de Janeiro: Zahar, 2003.

CASTELLS, Manuel. *O poder da comunicação*. São Paulo: Paz & Terra, 2016.

COMISSÃO MUNDIAL SOBRE MEIO AMBIENTE E DESENVOLVIMENTO. *Nosso futuro comum*. Rio de Janeiro: FGV, 1991.

DOWBOR, Ladislau. *A formação do terceiro mundo*. São Paulo: Brasiliense, 1994.

DOWBOR, Ladislau. *Formação do capitalismo no Brasil*. São Paulo: Brasiliense, 2009. Disponível em: https://dowbor.org/2010/09/l-dowbor-formacao-do-capitalismo-no-brasil-ensaio-teorico-ed-brasiliense-sao-paulo-2010-isbn-978-85-11-00153-2-227p.html.

DOWBOR, Ladislau. *Democracia econômica: alternativas de gestão social*. Petrópolis: Vozes, 2012. Disponível em: https://dowbor.org/2012/06/l-dowbor-democracia-economica-alternativas-de-gestao-social-vozes-2012-131p.html.

DOWBOR, Ladislau. *A era do capital improdutivo*. São Paulo: Autonomia Literária / Outras Palavras, 2017. Disponível em: https://dowbor.org/2017/11/2 017-06-l-dowbor-a-era-do-capital-improdutivo-outras-palavras-autonomia-literaria-sao-paulo-2017-316-p-html.html.

DOWBOR, Ladislau. *O capitalismo se desloca: novas arquiteturas sociais*. São Paulo: Edições Sesc, 2020a. Disponível em: https://dowbor.org/2020/05/ debate-livro-novo-o-capitalismo-se-desloca-novas-arquiteturas-sociais-ladislau-dowbor-e-antonio-mar tins-edicoes-sesc-26-05-16h.html.

DOWBOR, Ladislau (org.). *A sociedade vigiada*. São Paulo: Autonomia Literária, 2020b. Disponível em: https://dowbor.org/2020/12/sociedade-vigiada.html.

DOWBOR, Ladislau. *O pão nosso de cada dia: opções econômicas para sair da crise*. São Paulo: Autonomia Literária / Outras Palavras, 2021.

DOWBOR, Ladislau & SILVA, Hélio (orgs.). *Propriedade intelectual e direito à informação*. São Paulo: EDUC, 2014.

DURAND, Cédric. *Fictitious Capital: How Finance Is Appropriating our Future*. Londres: Verso, 2017.

EPSTEIN, Gerald & MONTECINO, Juan Antonio. *Overcharged: The High Cost of High Finance*. Nova York: Roosevelt Institute, 2016. Disponível em: https://rooseveltinstitute.org/overcharged-high-cost-high-finance/.

FAGNANI, Eduardo (org.). *A reforma tributária necessária*. Brasília: ANFIP / Fenafisco; São Paulo: Plataforma Política Social, 2018. Disponível em: https://dowbor.org/2018/06/eduardo-fagnani-org-a-reforma-tributaria-necessaria-anfip-fenafisco-plataforma-politica-social-sao-paulo-2018.html.

FAGNANI, Eduardo (org.). *Tributar os super-ricos para reconstruir o país*. Brasília: Fenafisco, 2020. Disponível em: https://plataformapoliticasocial.com.br/tributar-os-super-ricos-para-reconstruir-o-pais/.

FREUDENBERG, Nicholas. *A que custo? O capitalismo (moderno) e o futuro da saúde*. São Paulo: Elefante, 2022.

GORZ, André. *O imaterial: conhecimento, valor e capital*. São Paulo: Annablume, 2005.

HOBSBAWM, Eric. *The Age of Extremes: 1914-1991*. Nova York: Pantheon, 1994. [Ed. bras.: *Era dos extremos: o breve século XX — 1914-1991*. São Paulo: Companhia das Letras, 1995.]

HOCHSCHILD, Adam. *O fantasma do rei Leopoldo: uma história de cobiça, terror e heroísmo na África colonial*. São Paulo: Companhia das Letras, 1999.

IANNI, Octavio. "A política mudou de lugar", *São Paulo em Perspectiva*, v. 11, n. 3, p. 3-7, 1997.

INSTITUTO CIDADANIA. *Projeto Política Nacional de Apoio ao Desenvolvimento Local*. São Paulo, 2006. Disponível em: https://dowbor.org/2009/06/politica-nacional-de-apoio-ao-desenvolvimento-local-2009.html.

KELLY, Marjorie. *The Divine Right of Capital: Dethroning the Corporate Aristocracy*. San Francisco: Berrett-Kohler, 2003.

KELLY, Marjorie & HOWARD, Ted. *The Making of a Democratic Economy*. Oakland: B-K, 2019.

KOTKIN, Joel. *The Coming of Neo-Feudalism: A Warning to the Global Middle Class*. Nova York: Encounter, 2020.

KROEBER, Arthur R. *China's Economy*. Oxford: Oxford University Press, 2016.

LAKEY, George. *Viking Economics: How the Scandinavians Got It Right — And How We Can Too*. Londres: Melville House, 2017.

MASON, Paul. *Pós-capitalismo: um guia para o nosso futuro*. São Paulo: Companhia das Letras, 2017.

MAZZUCATO, Mariana. *O Estado empreendedor: desmascarando o mito do setor público vs. setor privado*. São Paulo: Portfolio-Penguin, 2014.

MAZZUCATO, Mariana. *O valor de tudo: produção e apropriação na economia global*. São Paulo: Portfolio-Penguin, 2020.

PARIJS, Philippe van. *Basic Income and the Left: A European Debate*. Berlim: Social Europe, 2018.

PIKETTY, Thomas. *O capital no século XXI*. São Paulo: Intrínseca, 2014.

PIKETTY, Thomas. *Capital e ideologia*. São Paulo: Intrínseca, 2020.

PIKETTY, Thomas. *Une brève histoire de l'égalité*. Paris: Seuil, 2021.

RAYMOND, Eric S. *A catedral e o bazar*. Trad. Erik Kohler, 2010. Disponível em: https://www.ufrgs.br/soft-livre-edu/arquivos/a-catedral-e-o-bazar-eric-raymond.pdf.

REICH, Robert. *The System: Who Rigged It, How We Fix It*. Nova York: Alfred A. Knopf, 2020.

RIFKIN, Jeremy. *A era do acesso: transição de mercados convencionais para networks e o nascimento de uma nova economia*. São Paulo: Makron, 2001.

RIFKIN, Jeremy. *Sociedade com custo marginal zero*. São Paulo: M. Books, 2015.

SAEZ, Emmanuel & ZUCMAN, Gabriel. *The Triumph of Injustice: How the Rich Dodge Taxes and How to Make Them Pay*. Nova York: W. W. Norton & Company, 2019.

SHERWOOD, Robert E. *Roosevelt e Hopkins: uma história da Segunda Guerra Mundial*. Brasília: Editora UnB, 1998.

SOUZA, Jessé. *A elite do atraso: da escravidão a Bolsonaro*. Rio de Janeiro: Estação Brasil, 2019.

STIGLITZ, Joseph. *Rewriting the Rules of the American Economy*. Nova York: Roosevelt Institute, 2015. Disponível em: https://dowbor.org/wp-content/uploads/2015/06/report-stiglitz.pdf.

STIGLITZ, Joseph; SEN, Amartya & FITOUSSI, Jean-Paul. *Report by the Commission on the Measurement of Economic Performance and Social Progress*. Paris: The Commission on the Measurement of Economic Performance and Social Progress, 2009. Disponível em: https://ec.europa.eu/eurostat/documents/8131721/8131772/Stiglitz-Sen-Fitoussi-Commission-report.pdf.

STONE, Oliver & KUZNICK, Peter. *The Untold History of the United States*. Nova York: Gallery Books, 2019.

SUPLICY, Eduardo. *Renda de cidadania: a saída é pela porta*. São Paulo: Cortez, 2018.

TAPSCOTT, Don & WILLIAMS, Anthony. *Wikinomics: como a colaboração em massa pode mudar o seu negócio*. Rio de Janeiro: Nova Fronteira, 2007.

THEODORO, Mário. *A sociedade desigual*. Rio de Janeiro: Zahar, 2022.

UCHÔA, Marcélio. *O que os gestores públicos municipais precisam saber?* Curitiba: CRV, 2020.

UNCTAD. *Trade and Development Report 2017: Beyond Austerity, Towards a Global New Deal*. Nova York/Genebra: UNCTAD, 2017. Disponível em: https://unctad.org/system/files/official-document/tdr2017_en.pdf.

WALLACE-WELLS, David. *A terra inabitável: uma história do futuro*. São Paulo: Companhia das Letras, 2019.

ZUBOFF, Shoshana. *A era do capitalismo de vigilância*. São Paulo: Intrínseca, 2021.

FOTO: AGÊNCIA SENADO

LADISLAU DOWBOR é professor de economia da Pontifícia Universidade Católica de São Paulo (PUC-SP), consultor de agências da ONU e gestor do site http://dowbor.org, pequena biblioteca científica com textos disponíveis gratuitamente. Seus livros mais recentes são *A era do capital improdutivo* (Autonomia Literária/Outras Palavras, 2017), *O capitalismo se desloca* (Sesc, 2020) e *O pão nosso de cada dia: opções econômicas para sair da crise* (Autonomia Literária/Outras Palavras, 2021). Contato: ldowbor@gmail.com.

[cc] Editora Elefante, 2022

Esta obra pode ser livremente compartilhada, copiada, distribuída e transmitida, desde que as autorias sejam citadas e não se faça qualquer tipo de uso comercial ou institucional não autorizado de seu conteúdo.

Primeira edição, setembro de 2022
Segunda reimpressão, dezembro de 2024
São Paulo, Brasil

Dados Internacionais de Catalogação na Publicação (CIP)
Angélica Ilacqua CRB-8/7057

Dowbor, Ladislau
Resgatar a função social da economia: uma questão de
   dignidade humana. São Paulo: Elefante, 2022.
   176 p.

Bibliografia
ISBN 978-65-87235-97-4

1. Ciências sociais 2. Economia 3. Capitalismo
I. Título II.

22-4144   CDD 300

Índice para catálogo sistemático:
1. Ciências sociais

---

elefante

editoraelefante.com.br   Aline Tieme [vendas]
contato@editoraelefante.com.br   Samanta Marinho [financeiro]
fb/editoraelefante   Beatriz Macruz [redes]
@editoraelefante   Yana Parente [design]

TIPOGRAFIA Aeonik & Lyon Text
PAPEL Cartão 250 g/m² & Pólen Bold 70 g/m²
IMPRESSÃO Leograf